Etapas PLUS

Curso de español por módulos

Libro del profesor

Nivel B2.2

Proyectos, Textos y Competencias

Edinumen

© **Autoras:** Anabel de Dios Martín, Sonia Eusebio Hermira y Berta Sarralde Vizuete.

ISBN: 978-84-9848-362-8
Dep. Legal: M-28668-2013

Coordinación editorial:
Mar Menéndez

Edición:
David Isa

Diseño de cubierta:
Carlos Yllana

Maquetación:
Carlos Casado, Juanjo López y Carlos Yllana

Fotografías:
Archivo Edinumen

Impresión:
Gráficas Glodami. Coslada (Madrid)

Editorial Edinumen
José Celestino Mutis, 4.
28028 Madrid
Teléfono: 91 308 51 42
Fax: 91 319 93 09
e-mail: edinumen@edinumen.es
www.edinumen.es

Con EXTENSIÓN DIGITAL

ELEteca
un espacio en constante actualización

Extensión digital de ***Etapas Plus***: consulta nuestra **ELEteca**, en la que puedes encontrar, con descarga gratuita, materiales que complementan este método.

La Extensión digital para el **profesor** contiene los siguientes materiales:

- Libro digital del profesor: introducción, guía del profesor, claves, fichas fotocopiables, transparencias...
- Fichas de cultura hispanoamericana
- Resumen lingüístico-gramatical

Recursos del profesor:
Código de acceso
98483628
www.edinumen.es/eleteca

La Extensión digital para el **alumno** contiene los siguientes materiales:

- Prácticas interactivas
- Claves y transcripciones del libro de ejercicios
- Resumen lingüístico-gramatical

Recursos del alumno:
Código de acceso
98483604
www.edinumen.es/eleteca

Instituto Cervantes

Este método se adecua a los fines del *Plan Curricular* del Instituto Cervantes

Introducción a Etapas Plus

Etapas es un curso de español cuya característica principal es su **distribución modular** y **flexible**. Basándose en un enfoque orientado a la acción, las unidades didácticas se organizan en torno a un objetivo o tema que dota de contexto a las tareas que en cada una de ellas se proponen.

Características:

- **14 módulos** de **30 horas** correspondientes a los niveles A1, A2, B1 y B2 según las orientaciones del *Marco común europeo de referencia para las lenguas* (MCER) y su concreción en el nuevo *Plan curricular del Instituto Cervantes. Niveles de referencia* (PCIC).
- Cada módulo presenta la opción de acortarse, si se prescinde de las actividades opcionales que se incluyen, o ampliarse, si se aprovecha el material extra, y ajustarse así a las necesidades particulares de cada grupo.

Se ofrece en los siguientes **itinerarios**:

- Dos itinerarios estándar: **Etapas** y **Etapas Plus**, diseñado cada uno de ellos según una organización de contenidos y estructura específica.
- **Mis Etapas a medida:** los módulos se pueden adaptar a las distintas necesidades y contextos de aprendizaje combinándolos para obtener los manuales más adecuados a cada centro.

Más información: comercial@edinumen.es y www.edinumen.es/misetapasamedida

1. Estructura y organización de contenidos

Los contenidos de **Etapas Plus** se materializan en módulos que siguen una secuencia estructurada, dosificada y adecuada al tiempo recomendado para su aprendizaje y asimilación.

Cada nivel de **Etapas Plus** aporta al docente:

- unos contenidos y actividades fundamentales para trabajar en el aula, estructurados en bloques de 30 horas.
- unos contenidos y actividades con otras 30 horas extras de materiales:
  - **Actividades extras** incorporadas en el **Libro del profesor**.
  - Actividades de la extensión digital en www.edinumen.es/eleteca cuyo código de acceso figura en el **Libro del alumno** correspondiente.
  - Actividades de **Libro de ejercicios**.

El profesor podrá decidir si desea trabajar con ellos a modo de refuerzo y complemento, o bien obviarlos en función del ritmo y necesidades de su grupo.

2. Las unidades didácticas, las tareas y las actividades

Las unidades de cada **Etapas Plus** están organizadas en torno a un tema u objetivo final, que dota de coherencia y contexto a cada una de las actividades que las conforman, pudiendo así ofrecer al alumno espacios que le permitan **aprender español para usarlo**. Se proponen, así, tareas de aula ficticias (aprender **para usar**), pero no se olvida que la clase es una situación real con unos participantes que tienen una finalidad y que, por tanto, justifica la realización de actividades para la práctica y sistematización de contenidos lingüísticos (**aprender** para usar).

En **Etapas Plus** las unidades contemplan, pues, los siguientes tipos de actividades:

- **Tareas**: actividades que permiten a los alumnos utilizar la lengua para conseguir un fin o resultado. En palabras del MCER: "Las tareas de aula de carácter 'pedagógico' se basan en la naturaleza social e interactiva del aula y en su inmediatez. En estas circunstancias, los alumnos acceden a participar en situaciones ficticias...". (**Aprender para la acción**).
- **Actividades de lengua** a través de interacciones orales y escritas, comprensiones auditivas, comprensiones lectoras, expresiones orales y escritas, con las que se pretende que el alumno sea capaz de conseguir las destrezas que el MCER determina para cada nivel en cada una de ellas. (**Aprender para usar**).
- **Actividades de aprendizaje** con las que se presentan y practican contenidos lingüísticos. (**Aprender**).
- **Actividades de reflexión** sobre el aprendizaje. (**Aprender a aprender**).
- **Juegos o actividades lúdicas.** (**Aprender divirtiéndose**).

3. La metodología

Como hemos podido ver, **Etapas Plus** se basa en un **enfoque orientado a la acción**. Tiene una concepción comunicativa de la lengua y la creencia de que el aprendizaje es constructivo y significativo, y que infiriendo, deduciendo y relacionando formas y significados, usando y haciendo cosas con la lengua es como se aprende. El método o forma de conseguirlo dependerá de los gustos y estilos de aprendizaje de los alumnos: **Etapas Plus** no sigue una metodología rígida y única. En **Etapas Plus, Libro del profesor** se ofrecen alternativas, sugerencias y distintos itinerarios en las actividades, porque creemos que siempre es el profesor quien decide según las necesidades de sus alumnos. El **Libro de ejercicios** será utilizado por el alumno como apoyo a los contenidos de la unidad.

4. Los componentes

Cada nivel de **Etapas Plus** se compone de:

- **Libro del alumno**, **Libro de ejercicios** y **Resumen lingüístico-gramatical** en un volumen con **CD** de audiciones.
- En el **Libro del profesor** se incluyen, además de las sugerencias y explicaciones didácticas de las secuencias del **Libro del alumno**, las claves y transcripciones del **Libro del alumno** y del **Libro de ejercicios**. Las fichas y material para transparencias que sirven al profesor para complementar y apoyar las explicaciones y actividades del **Libro del alumno**, puede descargarlas en www.edinumen.es/eleteca.
- Los estudiantes pueden consultar las soluciones y transcripciones del **Libro de ejercicios** así como material complementario en la página web de Editorial Edinumen (www.edinumen.es/eleteca), de forma que este puede ser utilizado de forma independiente y autónoma, si los alumnos así lo desean.

Índice de contenidos

Nivel B2.2.: Proyectos, Textos y Competencias

Unidad 1

El siglo XX a escena

El tema que vertebra la unidad es el arte español y el teatro de segunda mitad del siglo XX hasta nuestros días. Hasta ahora, no son muchos los materiales que afrontan este momento y consideramos que puede ser de gran interés de un amplio abanico de estudiantes.

1 Arte contemporáneo

En este epígrafe se ofrece una pequeña visión del arte español y algo del hispano de finales del siglo XX en su mayor parte.

1.1. y **1.1.1.** Como motivación al tema del epígrafe se presenta este test para que los alumnos hablen de su personalidad según sus preferencias de colores. Anímeles a imaginar qué color se asocia a cada carácter y a discutirlo posteriormente, mostrando su opinión.

1. Blanco; **2.** Negro; **3.** Rojo ; **4.** Amarillo; **5.** Púrpura; **6.** Azul; **7.** Verde; **8.** Gris.

1.1.2. Audición para aprender cómo se dicen ciertas tonalidades de colores recurriendo a la formación de palabras: prefijación, sufijación y adjetivación. Motívela buscando un elemento en la clase con algún color difícil de definir y pregunte a sus estudiantes de qué color dirían exactamente que es. Aproveche para introducir, si ninguno de ellos lo hace, la expresión *tirando a*. A continuación, ponga el audio para ampliar el vocabulario.

1. grisáceo, negruzco, blanquecino, pajizo, rosado; **2.** amarillento; **3.** Gris, Verde, manzana, marino, limón, canario, Rosa chicle, chillón.

Actividad extra. Anime a los alumnos a practicar los colores anteriores haciendo que uno de ellos busque algún objeto en la clase, diga su color y los demás tengan que adivinar de qué objeto se trata, tal como mostró usted en el ejemplo de la actividad 1.1.2.

1.2. Si cuenta usted con conexión a Internet en el aula, sería interesante que presente dos o tres imágenes de obras de alguno de los autores que se mencionan para motivar la actividad (lo encontrará sin ningún problema en *Google*) y crear expectativas sobre estas figuras indiscutibles del arte contemporáneo.

1.2.1. Los textos de la ficha 1 presentan la biografía de los autores anteriormente mencionados. Recórtelos y péguelos por la clase. Anime a los alumnos a completar el cuadro que se les propone en el menor tiempo posible: podría realizarse a modo de competición.

Materiales: arena, ropa, paja, tela, polvo de mármol, pigmento, aglutinante, óleo, arpillera, arcilla, tintas, hierro, aluminio, fundido, cristal, resina, plomo, acero inoxidable, poliéster, granito, nylon, madera, mimbre, troncos de roble y castaño. Técnicas: collage, goteo (*dripping*), ensamblaje, bajorrelieve, raspado (*gratagge*), grafiti, forjado, grabado, soldadura, impresión en platino, cortar, revelar los contactos, esculpir, moldear, cincelar, fundir, atornillar. Herramientas: espátula, punzón, cuchillo, lámina de acero, tijeras, pincel, lienzo. Movimientos artísticos: informalismo matérico, *action painting*, expresionismo, arte conceptual, *art brut*.

Ficha 1 (A, B, C y D). *Artistas españoles e hispanos del siglo XX.*

1.2.2. Actividad para aprender el vocabulario anterior. Cuando se corrija el cuadro, pregunte las dudas que resolverán entre los alumnos. Averigüe las palabras que nadie conoce y divídalas entre el número de estudiantes de su clase. Cada uno, deberá mirar en su diccionario el significado de sus palabras y explicarlo al resto de los compañeros. Este tipo de actividades desarrollan la autonomía de los aprendientes y descentralizan la figura del profesor.

1.2.3. Aproveche la tecnología con la que trabajan sus estudiantes: con iPhone, iPad o cualquier aparato de los que llevan a clase y que puedan conectarse a Internet para realizar un trabajo de búsqueda de obras de artistas hispanos contemporáneos. El proyecto les permite responsabilizarse de su trabajo y la exposición de su investigación al resto de la clase les da confianza y motivación en el uso del idioma.

1.2.4. Práctica de expresiones de gustos y valoración a partir de las obras de José Luis Santalla. Puede ampliarse la actividad con la selección de otras obras que elijan los estudiantes. Motivarles con la proyección de alguna imagen que a usted le resulte polémica les provocará de modo natural una reacción mayor.

1.3. Se han publicado libros con la obra del fotógrafo Chema Madoz, uno de los más aclamados de la actualidad y el escritor Ramón Gómez de la Serna. Si su grupo está interesado en el tema, se puede proyectar obras del artista catalán Joan Brossa con cuyas imágenes también se ha relacionado el trabajo de Madoz. Intente ejemplificar la actividad proyectando alguna foto del artista (www.chemamadoz.com) e intentando inventar con sus estudiantes una especie de greguería.

Ramón Gómez de la Serna (Madrid, 1888-Buenos Aires, 1963). Literato enclavado en el más puro vanguardismo, aunque adscrito generalmente a la generación de 1914 o el Novecentismo. Su particular visión de la literatura dio lugar a un nuevo género inventado por él: las greguerías, frases breves que proponen una visión lúdica de la realidad cotidiana, que el propio autor definió como "humor + metáfora".

Chema Madoz (Madrid, 1958) es uno de los fotógrafos más personales e innovadores de la escena española contemporánea. Sus imágenes, que retratan con frecuencia objetos manipulados por él mismo, provocan reacciones como la reflexión y el humor, sin renunciar por ello a la plasticidad y la belleza. En 1997 se convirtió en el primer fotógrafo al que el Museo Nacional Reina Sofia de Madrid dedicaba una retrospectiva individual. En el año 2000 recibió el Premio Nacional de Fotografia.

1.3.1. y **1.3.2.** Para atrapar el interés de todos los estudiantes es conveniente hacer actividades que se dirijan a los distintos estilos de aprendizaje. Organice parejas donde haya un estudiante al que le encante dibujar: el otro le ayudará con sus ideas a ilustrar la greguería que elijan. Si no son muy dados al dibujo, puede sugerir hacer algo con la técnica del *collage*. En ese caso deberá aportar revistas, tijeras y pegamento para su realización. El cartel final lo pueden colgar en la clase o en un lugar visible del centro de estudios. Asimismo, será motivador para sus estudiantes hacer una foto y colgarlo en el *Facebook* de la escuela o en algún soporte de su interés.

1.4. Juego de tres en raya para practicar expresiones coloquiales con colores. Divida la clase en dos grupos: A y B. Un grupo elige una expresión y dice el significado que cree correcto: si acierta, se marca la casilla con su letra y repite turno hasta que falla. Gana el equipo que haya conseguido tres casillas seguidas en cualquier dirección.

1.4.1. Cuestionario para practicar las expresiones que acaban de aprender. Las dos últimas preguntas en blanco sirven para que usen otras expresiones sobre el mismo campo léxico que puedan conocer (*ponerse colorado, un chiste verde, encontrar la media naranja,* etc.). La actividad se puede hacer de pie preguntando a distintos compañeros. Al final, pueden poner en común la información compartida.

1.5. En el nivel B2 se persigue que el aprendiz sea capaz de hacer una argumentación fundamentada y detallada sobre temas diversos, así como defender un punto de vista sobre temas generales indicando los pros y los contras de las distintas opciones. Por ello, el audio propuesto les dará claves sobre el proceso prototípico de la argumentación. Será suficiente con una sola escucha del mismo, tras la cual, los alumnos compararán sus resultados para corregir la actividad.

1. d; **2.** f; **3.** e; **4.** h; **5.** g; **6.** b; **7.** c; **8.** i; **9.** a.

1.5.1. y **1.5.2.** Actividad comunicativa para desarrollar la interacción oral. Se trata de una simulación que les preparará para posibles pruebas de los exámenes DELE. Para llevarla a cabo, mire la página del Instituto Cervantes con recomendaciones para preparar la prueba de expresión e interacción orales o hágalo con sus estudiantes como una actividad más de aula:

cvc.cervantes.es/ensenanza/dele/default.htm

Sería muy interesante que pudieran grabar en vídeo las entrevistas para poder corregir posteriormente aspectos de lenguaje, posición, gestualidad, etc.

2 Hacemos teatro

En este epígrafe trabajaremos posturas y estados de ánimo que aparecen en las acotaciones de las obras teatrales. Al final, representarán un fragmento de una obra teatral dialogada por ellos en un contexto de aprendizaje cooperativo.

2.1. Comprensión auditiva para contextualizar el tema. La canción, emotiva y desgarrada es muy conocida en gran parte del mundo hispano. Contextualice el tema diciendo que van a escuchar una canción titulada *Puro teatro* y preguntando si creen que se trata de un canto de amor o desamor. Anime a los alumnos a leer el texto y realizar la tarea antes de escuchar el audio, que se pondrá al final como modo de corrección de la actividad.

1. escenario; **2.** drama; **3.** papel; **4.** telón; **5.** actuación.

2.1.1. Contextualice el tema del epígrafe y promueva que se complete el cuestionario propuesto para crear interés y debate sobre los gustos y opiniones de sus estudiantes acerca del teatro.

2.2. La acción de *Después de la lluvia* se sitúa en un edificio de oficinas de una gran ciudad donde los trabajadores de una empresa financiera se reúnen en la azotea de un rascacielos para fumar —algo rigurosamente prohibido—. Sus nombres no importan, y por ello son nombrados como Secretaria Rubia, Secretaria Morena, Secretaria Pelirroja y Secretaria Castaña, junto a la Directora Ejecutiva y otros cinco hombres: el Jefe Administrativo, el Programador Informático, el Mensajero Local, el Ascensorista y el Jefe de

Personal. Unos personajes corrientes, grises, solitarios y perdidos, que anhelan en sus escapadas clandestinas a la azotea huir de sus problemas cotidianos, y las aprovechan para conspirar contra sus superiores, para exteriorizar sus angustias, para ligar, para soñar, para llenar sus solitarias vidas y buscar la felicidad.

Sergi Belbel (Tarrasa, 29 de mayo de 1963), dramaturgo catalán convertido en uno de los valores jóvenes más firmes españoles. Su actividad teatral se amplía al campo de la dirección, y desde 1988 es profesor del Institut del Teatre de Barcelona. En 1996 obtuvo el Premio Nacional de Literatura en la modalidad de Literatura Dramática y en 2005 fue nombrado director del Teatre Nacional de Catalunya. Sus obras han gozado de gran éxito de crítica y público.

2.2.1. Forme dos grupos y reparta un texto a cada uno de ellos para que lo lean y completen la tarea. Corresponden a la escena XII y última de la obra de Belbel en la que la Secretaria Rubia y la Secretaria Pelirroja entran en la azotea y se encienden un cigarrillo. Permita el uso de diccionarios para una mejor comprensión de los mismos.

1. sancionar; **2.** chivato; **3.** chaval; **4.** mocoso; **5.** atragantarse; **6.** balbucear; **7.** legañas; **8.** baba; **9.** cencerro; **10.** ordinaria; **11.** desmayarte.

2.2.2. Actividad de expresión e interacción oral. Reagrupe a la clase en parejas: A y B (cada una de ellas habrá leído un fragmento distinto del texto). Deben contarse el argumento y explicarse el vocabulario nuevo que han aprendido con la lectura.

2.2.3. Comprensión auditiva donde escucharán el final de la escena. Intente que los estudiantes hagan la actividad antes de escuchar para seguir aprendiendo vocabulario. El audio servirá para corregir sus hipótesis.

1. colgada; **2.** soseras; **3.** bizco; **4.** se larga; **5.** desahogarme.

2.3. Actividad para concienciar sobre el concepto de colocación léxica y de la importancia de su aprendizaje como unidad prefabricada. Reparta la transcripción del audio anterior para que busquen también en ella las expresiones. Invite a los estudiantes a explicar el significado de todas aquellas que conozcan y explique usted el resto.

Expresiones coloquiales: algo gordo está pasando; por dónde iban los tiros; no tengo un pelo de tonta; le está tomando el pelo; ser la cara un poema; acabaría como un cencerro; punto en boca; son uña y carne; nos pondrá de patitas en la calle. Colocaciones léxicas: agárrate que ahora viene lo bueno; clavar las uñas; sin pensármelo dos veces; tener manía a alguien; reponerse del susto; arrear un bofetón; la vía directa; pobre de mí; adónde iremos a parar; hacer alguna broma; tener la cara desencajada; morderse la lengua; por poco me da un colapso; (ponerse a) chillar como una histérica; morirse de miedo.

2.3.1. Actividad de refuerzo sobre colocaciones léxicas. Deje a sus estudiantes que en parejas discutan sus ideas y corrija al final, explicando las palabras que nadie conozca. Haga que se fijen también en el cambio de género.

1. clavar; **2.** agárrate que; **3.** reponerse de; **4.** dar; **5.** tener... desencajado/a; **6.** arrear; **7.** chillar; **8.** morderse.

2.3.2. Práctica de lenguaje opcional de las colocaciones léxicas presentadas en 2.3.1. Divida la clase en tríos y coloque una silla de espaldas a la pizarra en cada uno. Escriba una expresión que los estudiantes tienen que explicar por medio de mímica o definiciones al compañero sentado en ella. Haga rotar al grupo para que no sea siempre el mismo quien tenga que adivinar. Gana el equipo que consiga más puntos.

2.4. y **2.4.1.** Presentación de léxico para hablar de posturas y estados de ánimo a través de una audición. Ponga el audio al menos dos veces, pero deje que los alumnos comparen sus notas entre escucha y escucha para facilitar la comprensión total. A continuación, haga que los estudiantes se enseñen el vocabulario unos a otros recurriendo a la mímica. Explique usted aquel desconocido por todos.

1. Léxico de posturas: Se agacha; Inclinándose; Se reclina; Se tumba; Se detiene; Cruza las piernas; Encogiéndose de hombros; Poniéndose de pie; Dando la espalda; Levantando su copa; Se adelanta; Cruzando los brazos; Arrodillándose.

2. Léxico de estados de ánimo: Airado/a; Confundido/a; Asombrado/a; Vacilante; Avergonzado/a; Gimiendo; Molesto/a; Despectivo/a; Petrificado/a; Risueño/a; Cínico/a; Solemne; Tajante; Con aire satisfecho; Temeroso/a; Nostálgico/a; Pensativo/a.

2.4.2. Presentación de expresiones de modo, perífrasis verbales y verbos de cambio a través de los textos. Anime a los grupos a escuchar las instrucciones e ir actuando como les indiquen. Es una actividad para trabajar, además, la desinhibición y el trabajo en equipo. Si usted propone un ejemplo de cómo deben actuar (algo muy teatralizado), les animará más.

2.4.3. Reflexión gramatical: los alumnos observarán los modelos de lengua presentes en los textos anteriores y podrán, sin dificultad, completar el cuadro. Luego, corregirán comparando en parejas.

Expresar modo: **1.** Como os salga del alma; **2.** Según os hemos dicho; **3.** Como si estuvierais en una escena de..., Como si estuvieran molestos. Perífrasis verbales: **1.** Poneos a gritar; **2.** Echaos a llorar. Verbos de cambio: **1.** Quedaos en silencio.

2.5. Actividad de expresión escrita en la que los estudiantes tienen que dialogar y acotar los textos de 2.2.1. y del audio de 2.2.3. (reparta la transcripción del mismo si aún no lo ha hecho). Anímelos a alargar los diálogos e inventar algo más.

2.5.1. y **2.5.2.** Intercambie las versiones que acaban de escribir y haga que seleccionen una, que será la que entre todos, van a interpretar y a grabar. Después, reparta los roles entre sus estudiantes intentando respetar su gusto y elección. Deje un tiempo para que cada grupo vaya preparando su papel antes de empezar la representación. Cuando todo esté listo y ensayado comenzará la misma. Sugiera que lo graben para facilitar la posterior corrección y por si se muestran a favor de colgarlo en la Red (su *Facebook*, el de la escuela, el blog de clase, etc.).

2.5.3. Actividad de corrección de los errores cometidos durante la representación y anotados por los estudiantes con rol de lingüistas. Anime a que sean ellos los que hagan las correcciones que consideren oportunas. Solo en caso de que se requiera una aclaración a todo el grupo intervenga usted al final. Este proceso favorece la autonomía y consciencia del grupo, así como evidencia las bondades del trabajo cooperativo.

3 Escena contemporánea

Este epígrafe anima a los estudiantes a trabajar en proyectos de investigación que respetan su capacidad de decisión y contemplan sus intereses. Deberán recoger información que habrán de compartir con el resto de los estudiantes, promoviendo un contexto de aprendizaje significativo. Asimismo, aprenderán expresiones y curiosidades del teatro.

3.1. y **3.1.1.** Actividad comunicativa que desarrolla la integración de destrezas. Los estudiantes han de leer información relacionada con la escena hispana, resumirla, explicarla a la clase y tomar notas de la expuesta por sus compañeros. Permita que sean ellos quienes elijan el tema sobre el que van a investigar. Rellenar el cuadro les ayuda a centrar la atención e interesarse por la información del resto de los grupos.

Si sus estudiantes muestran interés por el tema, le aconsejamos escuchar un interesante podcast de la UNED (Universidad Española a Distancia) sobre el teatro español actual:

http://www.ivoox.com/uned-teatro-espanol-actual-18-09-11-audiosmp3_rf_813950_1.html

3.2. Comprensión auditiva sobre las supersticiones del mundo teatral. Motive el audio con un juego del ahorcado con la palabra S-U-P-E-R-S-T-I-C-I-O-N-E-S y dé a continuación la tarea para que lo escuchen.

1. Decir ¡mucha mierda!; **2.** Silbar; **3.** Vestir de amarillo; **4.** Agotar los cosméticos; **5.** Mirar al público antes de la función.

3.3. Presentación de expresiones coloquiales del mundo del teatro a través de una actividad de relacionar con su significado. Deje a los estudiantes que intenten hacerlo y descubrir los significados antes de proporcionarles la solución.

1. b; **2.** j; **3.** d; **4.** a; **5.** k; **6.** f; **7.** g; **8.** i; **9.** c; **10.** e; **11.** h; **12.** l.

3.3.1. Práctica de lenguaje de las expresiones anteriores con un *Pictionary*. Gana el equipo que consiga adivinar el mayor número de expresiones correctamente dichas (insistir en la dificultad de memorizar preposiciones o artículos para que las expresiones no pierdan su fuerza comunicativa).

3.4. y **3.4.1.** Presentación de fórmulas para preguntar por deseos y reflexión de las mismas. Los alumnos, de pie, se harán el cuestionario unos a otros para constatar al final si la información es verdadera o falsa. Compruebe antes de ponerles de pie que saben hacer la pregunta de forma directa. Por ejemplo: *Oye Mark, ¿te apetecería ver una obra de teatro esta semana?, ¿y a ti Keiko?* Una vez comprobada la información, incite a sus alumnos a observar las fórmulas empleadas para preguntar por deseos.

2. ¿Te hubiera gustado...?; **4.** ¿Te habría gustado...?; **6.** ¿Querrías...?

3.5. La actividad opcional que proponemos tendrá mayor interés si el grupo estudia en una ciudad de habla hispana o va a realizar pronto una visita a una de ellas. En este caso, la información que puedan recabar servirá para organizar una visita a alguno de los lugares presentados. O bien, aproveche fechas importantes para hablar de ferias de arte (en febrero, ARCO) o de festivales de teatro en verano. Recomendamos la siguiente página que les resultará de gran ayuda:

http://www.revistaiberica.com/sumarios/sumariomuseos.htm

Nivel B2.2

4 Para terminar

En esta unidad terminamos con un diario de aprendizaje que ayudará a los estudiantes a repasar, fijar y ser conscientes de todo lo aprendido.

Unidad 2

El proyecto

En esta unidad los estudiantes, divididos en dos equipos, crearán una unidad didáctica que será un repaso de lo estudiado hasta ahora en el nivel B2 y que utilizarán como test o examen de evaluación (epígrafe 4). Para ello, elegirán un tema de su interés (epígrafe 1), irán creando sus actividades, con los contenidos que decidan repasar y a partir de los modelos que se les ofrece a lo largo de la unidad; dichos modelos les servirán, asimismo, como repaso de los contenidos trabajados en Etapas Plus B2.1. El alumno ha pasado el ecuador del nivel B2, por lo que consideramos de gran importancia incorporar repasos y hacer una sistematización de elementos tratados con anterioridad como parte esencial del proceso de aprendizaje. Tenemos en cuenta, en las actividades de repaso propuestas, que es muy probable que haya alumnos que no hayan estudiado con Etapas Plus B2.1 (razón por la que se hace más necesario incorporar contenidos de nivel supuestamente aprendidos).

Los objetivos pedagógicos de esta unidad son:
- Desarrollar la autonomía del estudiante.
- Hacer consciente al alumno de su aprendizaje.
- Fomentar el trabajo cooperativo.
- Desarrollar las destrezas comunicativas trabajándolas de forma integrada.
- Repasar los contenidos adquiridos en Etapas Plus B2.1.
- Evaluar lo aprendido hasta el momento en este nivel.

1 Nos preparamos

En este epígrafe se ofrecen actividades para facilitar al alumno la división en grupos a la vez que se repasan contenidos aprendidos.

1.1. y 1.1.1. Cuestionario que repasa léxico aprendido en Etapas Plus B2.1. Si algún estudiante no ha trabajado con el manual anteriormente y desconoce el léxico, aproveche para que el resto de compañeros resuelvan sus dudas. Explique a sus estudiantes los objetivos de la unidad (párrafo anterior) y aclare que van a realizar una actividad para buscar a la gente más afín de la clase y que, con los resultados obtenidos, se formarán los dos grupos que trabajarán juntos a lo largo de la unidad. Cuando lo hayan rellenado, se ponen de pie y hacen las preguntas al resto de los compañeros de la clase y al final contabilizan el grado de afinidad que tienen con cada uno y crean los grupos de trabajo.

1.2. Para ayudar a la elección de un tema para su unidad didáctica, proponemos esta actividad para que, individualmente, decidan los puntos fuertes y débiles de cada asunto propuesto. De esta forma el estudiante valora qué tema puede interesarle más. Supervise que están escribiendo correctamente y motive a los estudiantes que tengan menos ideas a completar el cuadro.

1.2.1. Una vez completado el cuadro se reúnen los grupos creados en el punto 1.1. y discuten los pros y contras de cada tema: finalmente eligen el tema que más les motive como grupo para trabajar con él. Anime a cada grupo a tomar nota de las ideas que les sugiere el tema elegido.

1.3. Deje a los estudiantes tiempo para que revisen los contenidos de las unidades de esta Etapas Plus B2.1 para completar el mapa conceptual, primero de forma individual y, después, en grupo. Anímelos a que miren sus diarios y a que negocien con los compañeros de grupo lo que les interesa repasar.

1.3.1. Entregue a cada grupo una fotocopia de la ficha 2 y pídales que, una vez hayan negociado los contenidos que les gustaría repasar, completen la parrilla. Explíqueles, si lo considera necesario, el tipo de información que deberá ir en cada casilla, ayúdese de las que aparecen en las unidades de esta Etapas Plus. Dígales que la ficha la irán completando con las actividades que van a preparar para el otro grupo.

Ficha 2 (A, B, C y D). ***El proyecto.***

2 Preferencias, intereses y curiosidades

En este epígrafe, por un lado, se repasan explícitamente la segunda condicional, los conectores concesivos y algunas estructuras para advertir y aconsejar y, por otro, se le facilita al alumno actividades para integrar el uso de otros contenidos (usos de subjuntivos, oraciones relativas, léxico y expresiones...) que ya deben estar sistematizadas en este estadio del nivel. Asimismo se ofrecen textos y ejercicios que desarrollan estrategias y destrezas comunicativas.

2.1. Práctica de lenguaje para conocer más a los compañeros y reforzar la forma de la segunda condicional. Motive la actividad contando que acaba de comprar un billete de lotería y que venía pensando qué haría si le tocara *el gordo*. Sus alumnos tienen que imaginar lo que usted haría: si aciertan en sus hipótesis, apláudales diciendo que son muy buenos psicólogos y que les conocen muy bien. Presente en ese momento la actividad para ver si conocen también a la gente de clase. Forme parejas A y B y deje tiempo individual para que cada uno piense qué haría su compañero en esas supuestas situaciones (solo en las de su columna correspondiente) y una vez marcadas las respuestas, anímelos a preguntarse para descubrir si se conocen bien o no. Recuérdeles que deben usar la forma de la segunda condicional.

2.1.1. Es el momento de que ellos creen su primera actividad para el examen que harán al otro grupo. Pídales que vuelvan a la ficha 2, que miren los contenidos de su parrilla y que elijan las estructuras que quieren repasar con este primer ejercicio. Explíqueles que deben diseñar un test siguiendo el modelo del que acaban de hacer. Circule entre los equipos y resuelva las dudas y problemas que pudiera haber.

2.2. Pida a los alumnos que hagan una lectura general del texto para contestar a la pregunta que se plantea. Inicie una interacción oral y anime a los estudiantes a que argumenten sus respuestas; esto les ayudará con las ideas que deberán desarrollar en la siguiente actividad.

2.2.1. Pida a los alumnos, ahora, que utilicen los conectores concesivos para desarrollar las ideas apuntadas en la actividad anterior. Repase con ellos las reglas y deténgase en el cuadro y en los ejemplos facilitados en el texto el tiempo que considere necesario. Si precisa de más información u otros ejemplos, puede encontrarlos en Etapas Plus B2.1, unidad 7.

2.3. Utilice el siguiente texto para contextualizar el repaso de las estructuras para advertir y aconsejar. Despierte el interés de los alumnos con la pregunta del titular. Pregúnteles si saben qué significa o qué puede significar la palabra *nomofobia*. Pida que lo lean y que infieran el significado de las palabras del recuadro.

Nomofobia: miedo irracional a no poder usar el teléfono móvil; Manosear: tocar repetidamente algo; Ceño fruncido: espacio que hay entre las cejas que se arruga porque se está muy concentrado o porque se está mirando algo de tamaño pequeño; Estar "mensajeable": estar disponible para recibir mensajes de móvil, correo electrónico...

2.3.1. Pida ahora a los alumnos que se detengan en las cinco opiniones o creencias que aparecen en el texto para iniciar una interacción oral. Motive la expresión pidiéndoles ejemplos y animándoles a que se involucren con sus experiencias. Explíqueles que deben tomar notas de las posturas más relevantes para usar en la actividad siguiente.

2.3.2. Recuerde las estructuras para advertir y aconsejar (Etapas Plus B2.1, unidad 4), deje que lean el cuadro con los exponentes y aclare los conceptos que considere necesarios para sus alumnos. Motive la actividad y distribuya la clase en dos grupos.

2.4. Amplíe los posibles campos de interés de sus alumnos con los temas que se ofrecen en los supuestos muros de *Facebook* que se ofrecen en el libro. Pida una primera lectura general para que extraigan el tema de cada párrafo y lo resuman en una línea. Deje que hagan el ejercicio individualmente, pero pídales que lo compartan en parejas antes de la puesta en común. Explíqueles, que en esta primera lectura, el significado de las palabras no debería ser un problema para resumir el texto. La actividad servirá como excusa para involucrarles en la siguiente actividad.

El mercader de Venecia es una obra teatral escrita por William Shakespeare entre los años 1596 y 1598, pero no se publicó hasta 1600.

Dublinescas es una novela del escritor español Enrique Vila-Matas publicada en 2010.

La música os hará libres. Apuntes de una vida es la autobiografia del músico japonés Ryuichi Sakamoto, publicada en 2011.

2.4.1. Deje que los alumnos piensen en la respuesta antes de la puesta en común. Motive la actividad poniendo usted algunos ejemplos.

2.5. Es el momento de que ellos creen la siguiente actividad (actividad 2) para el examen que harán al otro grupo. Pídales que se junten con su grupo, vuelvan a la ficha 2 y sigan las instrucciones que se les plantea en el libro. Circule entre los equipos y resuelva las dudas y problemas que pudiera haber.

3 Concursos y pasatiempos

Este epígrafe tiene un tema lúdico, los concursos de televisión y los juegos de mesa. A través de las actividades se repasan contenidos gramaticales y léxicos de Etapas Plus B2.1. Asimismo, se ofrecen modelos de actividades para que ellos puedan crean las suyas propias.

3.1. Llame la atención de los alumnos sobre las imágenes que tienen en su libro y anímelos a que digan qué les sugieren. Si identifican alguno de los concursos o juegos, pídales que cuenten todo lo que saben sobre ellos. Esta actividad sirve para activar el conocimiento previo sobre el tema antes de pasar a la audición siguiente.

Son actividades de pasatiempo: concursos de televisión y juegos de mesa.

3.2. y **3.2.1.** El texto de la comprensión auditiva trata de concursos de televisión, tema que ya está contextualizado con la actividad anterior. Preenseñe las tres palabras que aparecen en su libro, invitándolos a que aventuren una definición trabajando en parejas. Explique que van a escuchar a seis personas hablando de su concurso favorito y que tienen que tratar de completar la tabla que hay en su libro con la información correspondiente. Realice dos escuchas y anímelos a comparar en parejas entre ambas.

	Nombre del concurso	Origen	Mecánica
1	*¿Quién quiere ser millonario?*	Reino Unido, finales de los noventa.	Un concursante tiene que responder a 15 preguntas de opción múltiple que van aumentando su dificultad. Dispone de tres comodines.
2	*El precio justo*	Estados Unidos, 1956.	Consiste en pujar por mercancías. Empiezan nueve concursantes de los que pasan seis a la siguiente fase. Finalmente se quedan solo dos que tienen que acertar el precio del premio. Gana el que más se acerca sin rebasarlo.
3	*Pasapalabra*	Gran Bretaña.	Dos concursantes realizan pruebas para conseguir segundos para la prueba final: el rosco. Tienen que acertar 25 palabras. Si consiguen más que su contrincante, ganan 1200 euros y vuelven al siguiente programa. Si aciertan las 25, ganan el bote.
4	*Un, dos, tres... responda otra vez*	España, años setenta.	Tres parejas competían para llegar a la fase final: la subasta. Para ello tenían una ronda de preguntas y una fase de pruebas físicas. Los premios podían ser muy buenos o no tener ningún valor.
5	*La ruleta de la suerte*	EE.UU.	Tres concursantes compiten por adivinar diferentes paneles que ocultan una frase. Una ruleta decide el premio que ganan si aciertan.
6	*Saber y ganar*	El programa *El tiempo es oro.*	Tres concursantes responden a preguntas de cultura general. El que queda en segundo lugar se juega todo lo ganado en una prueba de cálculo mental.

3.3. Actividad de interacción oral en parejas. Deje unos minutos a sus alumnos para que piensen en las respuestas y después agrúpelos en parejas para que las comparen. Pasee por la clase para ayudar ante posibles dudas y le sugerimos que vaya tomando nota de los errores más importantes para corregirlos al final. Haga una puesta en común en el grupo clase y pídales que observen si el porcentaje de coincidencia es alto o no.

3.4. y 3.4.1. Esta comprensión lectora presenta a un personaje curioso que se ha hecho un profesional de los concursos. Motive la actividad invitando a sus estudiantes a que especulen sobre la veracidad del titular. Dígales que lean el texto a continuación para comprobar si sus hipótesis eran ciertas o no.

La noticia es real.

3.4.2. y 3.4.3. El objetivo de esta tarea es repasar las estructuras para expresar necesidad y habilidad. Infórmelos de que Fernando Cerezo nos desvela en su blog y en su libro *Jugando en televisión* algunos trucos para participar en los concursos de televisión. Pídales que marquen las habilidades que creen que son necesarias para ir a esos concursos y que escriban tres frases más semejantes a las que tienen. Cuando terminen, póngalos en parejas para comparar sus opiniones. Si ve que puede dar juego, puede provocar una interacción oral en la puesta común con las explicaciones de sus alumnos sobre su elección.

Si quiere ampliar información, puede encontrar el blog de Fernando Cerezo "Los concursos de la tele" en la siguiente dirección: http://concursostv.blogspot.com.es/

3.5. Informe a sus alumnos de que van a realizar una simulación de un *casting* para asistir al concurso *La ruleta de la suerte*. Dígales que antes van a escuchar unos consejos que da el concursante profesional Fernando Cerezo en una entrevista que le han hecho en la radio. Pida a los estudiantes que tomen nota de las recomendaciones que consideren más importantes. Para poner en común la actividad puede preguntarles si les parecen útiles. En esta secuencia se trabajan dos comprensiones auditivas con el fin de dar modelos textuales a los alumnos que luego crearán la suya propia.

3.5.1. y 3.5.2. Actividad de juego de roles a través de la que se puede practicar el carácter, las habilidades, las aficiones, etc. Divida la clase en dos grupos asignándoles a cada uno un modelo de tarjeta diferente: director de *casting* y concursante. Pídales que preparen sus roles, y aunque pueden ayudarse entre ellos es conveniente que lo hagan de manera individual. Una vez que estén preparados, organice la clase de tal manera que queden varios pares de sillas enfrentadas para poder hacer las entrevistas. Empareje a los alumnos, un director con un concursante y anímelos a realizar la simulación de la entrevista. Cuando vea que están terminando, pida a todos los concursantes que cambien de director para hacer una nueva entrevista. Realice este cambio tantas veces como sea necesario para que pasen por todos los directores. Como puesta en común pida a los directores que elijan a un aspirante y que justifiquen su elección. Los concursantes dirán si están de acuerdo o no.

3.6. Para terminar con la muestra de actividades de esta secuencia se propone llevar a cabo la prueba final del concurso *Pasapalabra*. Se repasa el léxico que se presentó en las unidades de Etapas Plus B2.1. Divida la clase en dos grupos: el Grupo 1 y el Grupo 2, cada uno se hará cargo del "rosco" correspondiente que tienen en su libro.

Siga los siguientes pasos:

1. Fotocopie las fichas 3A y 3B. Nombre moderador a un alumno (o si lo prefiere realice usted ese papel) y entrégueselas.
2. El moderador irá leyendo las definiciones de cada letra a los equipos. Adviértale que tiene la solución en mayúsculas, pero que no puede leerla, es solo para comprobar y que solo van a jugar con 20 de las 25 letras (no se incluyen las que tienen sombreadas en su rosco).

3. Cuando un equipo no sabe la palabra, tiene que decir "pasapalabra" para pasar el turno a sus contrincantes. Cada grupo se centrará en su rosco y tiene que poner un ✓ sobre la letra que acierten y una ✗ sobre la que fallen. Se incluye la transparencia con los roscos por si quiere seguir el resultado proyectando y marcando en la pizarra.

4. Los equipos tienen la oportunidad de hacer una segunda vuelta al rosco. Cuando hayan dado las dos vueltas, el tiempo se habrá acabado.

5. Contabilice los aciertos y, en caso de empate, tenga en cuenta los fallos para proclamar un equipo ganador.

Ficha 3 (A y B). ***Pasapalabra.***

Transparencia 1. ***Pasapalabra.***

3.7. Ha llegado el momento de que ellos creen nuevas actividades para el examen que harán al otro grupo. Pídales que se junten con su grupo y que sigan las instrucciones que se les plantea en el libro. Circule entre los equipos y resuelva las dudas y problemas que pudiera haber.

3.8. Actividad de repaso: *El juego de la oca.*

- Material necesario:
  - 1 dado por grupo.
  - 1 juego de tarjetas de ayuda para cada grupo (Ficha 4. Tarjetas de ayuda).
  - 1 ficha para cada jugador.

- Instrucciones:

1. Crear equipos: se recomienda que no haya más de 4 o 5 personas en cada uno para fomentar el tiempo de participación de cada estudiante.

2. Preenseñar expresiones típicas de juegos de mesa: *te toca, ¿a quién le toca?, tira el dado, ¡venga!,* etc.

3. Empieza el número más alto.

4. Si el alumno llega a una casilla y no puede responder, vuelve a la casilla donde estaba, si no, tiene la opción de pedir una tarjeta de ayuda.

5. Tarjetas de ayuda: el estudiante que desee puede pedir al profesor una tarjeta de ayuda para poder responder. Usarla tiene una especie de penalización: retroceder dos casillas. Estas tarjetas permiten un repaso eficaz teniendo en cuenta además que puede que haya estudiantes que no han visto esos contenidos si no han trabajado con Etapas Plus B2.1.

6. Casillas con dibujo de dado: los compañeros hacen una pregunta sobre cultura hispana de las unidades de Etapas Plus B2.1, y si responde bien, vuelve a tirar.

Ficha 4 (A y B). ***Tarjetas de ayuda.***

3.8.1. Es el momento de que los estudiantes preparen una actividad similar en la ficha del proyecto: deben ir completando las casillas con preguntas sobre estructuras y vocabulario que quieran repasar en su unidad. Reorganice la clase en los dos grupos de trabajo para su realización.

4 Para terminar

En este epígrafe los alumnos se intercambiarán la unidad didáctica que han elaborado para ponerla en práctica. Decida el tiempo que quiere dedicar a este test y modifique las instrucciones de implementación que se sugieren para adaptarlos a sus necesidades, tiempo y grupo.

4.1. Pida a cada grupo la ficha 2, que han ido completando a lo largo de la unidad, y haga tantas fotocopias como estudiantes tenga. Pídales que lean los contenidos que van a necesitar recordar para realizar las actividades.

4.2. Ayude a los alumnos con las instrucciones y explíqueles que en cada actividad deben tomar nota de lo que quieren preguntar al profesor. Vaya haciendo el test por partes y acláreles que:

- la actividad 1 es individual y por escrito. Marque un tiempo para realizarla (de cinco a ocho minutos, depende del grupo que tenga).
- la actividad 2 deberán hacerla en parejas (10 minutos). Circule entre los alumnos para tomar nota de los errores que escuche y hacer en 4.3. una corrección grupal de lo que considere más relevante.
- el juego de roles de la actividad 3 deberán hacerlo en grupos: pídales que primero lean la comprensión lectora y resuelvan los ejercicios porque les servirá de contexto y motivación. Explíqueles que con la descripción que aparece sobre los roles deben preparar la situación y llevar a cabo la conversación o diálogo. Dígales que tienen 30 minutos para toda la actividad. Tome nota de los errores que escuche para hacer en 4.3. una corrección grupal de lo que considere más relevante.
- Pídales que en grupo elijan uno de los dos juegos. Marque un tiempo máximo de 20/30 minutos.

4.3. Haga la corrección de los errores o cuestiones que usted ha ido anotando y de los que le planteen los alumnos.

4.4. Termine la unidad con esta interacción oral.

Unidad 3

Relaciones personales

De la unidad 3 a la unidad 6 los estudiantes realizarán un trabajo final en el epígrafe 4, que responde al desarrollo y creación de cuatro tipologías textuales: descriptiva, narrativa, argumentativa y expositiva relacionadas con el tema visto en cada secuencia didáctica.

En esta unidad se profundiza en el tratamiento de fórmulas sociales, herramientas pragmáticas y comportamientos socioculturales adecuados al estudiante de nivel B2. Los bloques temáticos de la unidad (saludos y presentaciones, ironía y carácter, y saberes socioculturales) ofrecen los exponentes necesarios para desenvolverse en diferentes situaciones de la vida cotidiana, a la vez que se aprovecha para continuar trabajando con el léxico y con diferentes modelos de texto.

1 Saludos y presentaciones

En este epígrafe se presentan expresiones utilizadas en intercambios sociales tales como saludos, despedidas, brindis, etc., tanto en lengua oral como escrita.

1.1. El objetivo de la actividad es crear un clima de acercamiento a la figura del profesor para fomentar la afectividad entre este y su grupo de estudiantes. Anímelos a formular preguntas arriesgadas sobre deseos e hipótesis en el pasado para ampliar el conocimiento entre todos los miembros de la clase. Usted será el primero en exponerse para favorecer dicho clima afectivo. Motive la actividad diciendo que le gusta mucho su trabajo, pero que en ocasiones se pregunta: "¿Qué haría si no fuera profesor?" y exprese su deseo.

1.1.1. Es el momento de que los estudiantes reparen en la construcción gramatical de las preguntas anteriores. Permítales que sean ellos quienes infieran el uso de los tiempos de subjuntivo y que, en parejas, completen el cuadro de reflexión propuesto. Observe que se está haciendo correctamente y, si lo considera necesario, refuerce la teoría en la pizarra.

1. pluscuamperfecto de subjuntivo; **2.** condicional compuesto; **3.** Me habría gustado.

1.1.2. y **1.1.3.** Práctica de lenguaje para mecanizar las fórmulas de expresión de deseos y dudas sobre momentos del pasado. Invite a sus alumnos a ponerse de pie y buscar a un compañero que no conozcan o del que no tengan mucha información para hacer con él el cuestionario y posterior presentación al resto de los compañeros.

1.2. Actividad comunicativa para desarrollar la expresión escrita y hacer conscientes a los estudiantes de la importancia del desarrollo de la competencia sociolingüística y discursiva. Deje tiempo para que preparen los diálogos mientras pasa por las mesas corrigiendo sus producciones escritas.

1.2.1. Actividad de comprensión auditiva. Explique claramente antes de poner el audio que el objetivo del mismo es que los estudiantes comparen y marquen las diferencias entre los diálogos que han escrito y el diálogo de dos nativos en la misma situación. Estas pueden ser de léxico, de entonación, discursivas o pragmáticas. Se puede dar puntos por expresiones usadas que aparezcan en el diálogo.

1.2.2. Actividad de observación y reflexión de fenómenos comunicativos. Reparta la transcripción del audio (o proyéctela) para que los estudiantes extraigan de ella las fórmulas sociales empleadas en el diálogo. Haga énfasis en la explicación del alargamiento de la vocal para enfatizar y en algunos aspectos socioculturales del mundo hispano como la promesa de mantener contacto (las fotos, llamada a la vuelta, etc.) que suele haber en nuestras despedidas, sin que necesariamente vaya a cumplirse.

1. ¡Hombre, Félix!, ¿Quéééééééé tal?; **2.** ¡Moooontse!; **3.** Dale un beso fuerte de mi parte; **4.** Y tú, ¿qué tal?, ¿Y eso?, Bueno, y tú, ¡cuenta!; **5.** ¡Qué suerte!, ¡qué envidia me das! Debe ser una pasada...; **6.** Que te lo pases fenomenal; **7.** Bueno, que me voy corriendo al...; **8.** ¡Hasta la próxima!, A la vuelta te llamo, Me alegro de haberte visto, A ver si nos vemos pronto.

1.2.3. Una vez sonsacada y matizada toda la información discursiva de este tipo de diálogos entre amigos (nos saludamos, besos, nos interesamos por el otro, antes de despedirnos avisamos de que vamos a hacerlo y nos despedimos con promesa de mantener el contacto), anime a sus alumnos a incorporar estos elementos en sus diálogos. Probablemente, los suyos carecerán de esas fórmulas (*bueno, pues..., a ver si...*) que hacen que la comunicación sea más real y próxima al habla del nativo. Una vez corregidos sus textos, invítelos a representarlos delante del resto de compañeros. Estas actividades ayudan a desinhibirse y a crear un ambiente más relajado y divertido en el aula. Si cree que puede motivarles, antes de empezar la teatralización, pueden negociar entre todos qué se va a puntuar para premiar el diálogo que cumpla mejor con los requisitos acordados.

1.3. Divida la clase en tres grupos y reparta recortados los diálogos que aparecen en la ficha 5 (un diálogo diferente para cada grupo). La tarea consiste en que, una vez ordenados, los alumnos decidan quién habla en cada uno, la relación entre los hablantes y el contexto comunicativo.

Ficha 5 (A, B y C). ***Diálogos con expresiones sociales.***

1. Cliente y recepcionista hablando por teléfono; **2.** Madre e hijo mayor hablando por teléfono a las 11h de la noche. El hijo llama para disculparse por haberse enfadado con ella; **3.** Brindis formal en una empresa: uno de ellos se jubila y brindan por él.

1.3.1. Actividad de reflexión. Deje a sus estudiantes tiempo para observar las fórmulas sociales que aparecen en el diálogo que acaban de ordenar y para que completen el cuadro con ellas.

1. Quisiera proponer un brindis por...; **2.** Te deseo muchísima suerte, mucha suerte con..., crucemos los dedos; **3.** No sé cómo agradecéroslo; **4.** ¡Bueno... ya sabes dónde tienes tu casa si quieres volver!; **5.** Siento mucho haberme enfadado contigo / Perdona que te moleste a estas horas; **6.** Está bien, no pasa nada / Estás perdonado/a, pero que no se vuelva a repetir / que sea la última vez; **7.** Por favor, ¿podría hablar/ponerme con...?; **8.** Disculpe, pero en este momento no le puede atender / no se puede poner; **9.** ¿Puedo dejar un recado?, por favor, dígale... de parte de...

1.3.2. Anime a sus estudiantes a ensayar los diálogos anteriores: cada grupo debe elegir a los representantes que van a interpretarlo en voz alta en el centro de la clase y deben ayudar a buscar ropa o elementos que les ayuden con la escenografía. Una vez preparado, los que escuchan deberán ir anotando más expresiones en la tabla de 1.3.1. Esta actividad tiene gran importancia para mecanizar este tipo de expresiones como prefabricados (*chunks*), lo cual incidirá en una mayor fluidez en el habla del alumnado.

1.3.3. Práctica de lenguaje para mecanizar las expresiones aprendidas en forma de competición. Deje tiempo a sus estudiantes para estudiarlas. Divida la clase en dos equipos, proponga una situación (por ejemplo, mi hermano acaba de obtener un excelente puesto de trabajo; o estamos en un restaurante brindando por el cumpleaños de la abuelita que cumple 100 años, etc.) y un representante de cada grupo se levanta corriendo a escribir la fórmula en la pizarra. Compruebe que sea cada vez un miembro distinto del equipo quien lo haga para favorecer la participación de todos. Gana el equipo que obtenga mayor puntuación.

1.4. Actividad para ampliar las fórmulas empleadas en el intercambio epistolar. Anime a completar la tabla en parejas y corríjala en la pizarra permitiendo que sean los alumnos que vayan terminando quienes lo hagan.

Encabezamiento: Queridos papás / ¿Qué tal Ana?, ¡Hola Ana!; **Cuerpo:** En relación a..., Les escribo en referencia a... / Te escribo por lo de...; **Despedida:** A la espera de sus noticias, En espera de sus noticias, Sin otro particular, les saluda atentamente, Saludos cordiales, Cordialmente, Atentamente, Atte. / Un beso, Un abrazo, Nos vemos pronto, Hasta pronto, Muchos besos.

1.4.1. Actividad optativa de expresión escrita que puede realizar si considera que las necesidades del grupo se verán reforzadas con la escritura de una carta en la que se solicita un puesto de trabajo.

2 Ironía y carácter

En este epígrafe se hace consciente al estudiante de aspectos lingüísticos usados para manifestar ironía (elemento sociolingüístico importante de la competencia comunicativa que debe ser controlado ya en este nivel), algunos de los cuales son el empleo de frases estereotipadas o de humor.

2.1. Actividad de comprensión lectora para introducir el tema. Motívela con el juego del ahorcado: ponga el título de la noticia en la pizarra con rayas para que tengan que adivinarlo diciendo letras. Una vez adivinado, invite a los estudiantes a hacer hipótesis sobre el contenido del texto para crear interés y expectación.

2.1.1. Hable con sus estudiantes acerca de la ironía: ¿les gusta la gente irónica?, ¿ellos lo son?, ¿en qué situaciones? Luego, presente la actividad para que en parejas primero, y en grupo clase después, comenten el significado irónico de las citas literarias que se mencionan.

1. En esta ingeniosa ironía se da a entender que no salió con honra (que le acompañe un séquito eclesiástico), sino que juega con la homonimia de la palabra *cardenal* (eclesiástico y hematoma); **2.** Podemos entender que no comieron nada; **3.** La ironía aquí consiste en que el lector seguramente lo desconoce; **4.** Ironía sobre la gente que se queja en vida de lo que podría estar haciéndoles felices.

2.2. Presentación de expresiones estereotipadas para hablar del carácter mayoritariamente: todas ellas están en la mente de los hablantes españoles, especialmente de la gente mayor, y forman parte de nuestro saber cultural. Puede contextualizar la actividad diciendo: *¿Sabéis cómo me siento? A ver si lo adivináis viendo el dibujo* (ponga en la pizarra a modo de jeroglífico la expresión *estar más contento que unas castañuelas*: carita contenta, símbolo +, y dibujo de castañuelas). Una vez comprendido, anime a los alumnos a intentar relacionar las columnas para aprender más expresiones de este tipo. Preenseñe las palabras: *chotis, carretero, tapia, lima* y *energúmeno/a.*

Nivel B2.2

1. b; **2.** e; **3.** f; **4.** h; **5.** i; **6.** c; **7.** j; **8.** k; **9.** g/m; **10.** m/g; **11.** d; **12.** n; **13.** l; **14.** a; **15.** o.

2.2.1. Práctica de lenguaje formal de las expresiones recién aprendidas con el objetivo de facilitar su memorización. Divida la clase en grupos: cada uno de ellos piensa en una de las expresiones anteriores y sale a la pizarra a dibujarla. Gana el equipo que más haya adivinado.

2.2.2. La actividad opcional que se propone promueve la autonomía de los estudiantes y fomenta su curiosidad para seguir aprendiendo más acerca del idioma objeto de estudio. Al mismo tiempo, es una actividad que integra destrezas pues invita al desarrollo de la comprensión lectora (leer en Internet el origen de las expresiones), de la expresión escrita (deben tomar nota de esta información) y de la interacción oral y comprensión auditiva al explicarse unos a otros lo aprendido.

2.3. Continuando con los contextos irónicos, se ofrecen en esta actividad chistes que repiten una estructura consecutiva y que ayudarán al estudiante a recordarla al ser presentada en un contexto humorístico. La actividad puede transformarse en un *Busca tu pareja*: habría que recortar los chistes completos (rellenados los huecos) y repartirlos por mitades, una a cada estudiante. De pie, tendrían que buscar al compañero que completara su chiste. Antes de pasar a la actividad siguiente pueden votar el chiste que más les haya gustado.

1. canales; **2.** hueso; **3.** cultivaba; **4.** misa; **5.** mesita; **6.** miope; **7.** frontera; **8.** Cenicienta; **9.** tropezaba; **10.** sombra; **11.** bigote.

2.3.1. Actividad de reflexión e inferencia por parte de los aprendientes de la organización gramatical de este tipo de frases consecutivas. Permita que sean ellos mismos quienes, observando los modelos de lengua proporcionados en los chistes, completen con total autonomía el cuadro gramatical.

1. tan; **2.** tan; **3.** que; **4.** tal; **5.** que.

2.4. Test para reforzar las unidades léxicas aprendidas en el epígrafe. Anime a trabajar en parejas para completarlo y comentar los resultados del mismo. La expresión *ni un duro*, hace referencia a la moneda española anterior al euro (un duro equivalía a 5 pesetas) y aún se mantiene.

2.4.1. y **2.4.2.** Práctica comunicativa en la que los estudiantes van a diseñar un test para ahondar en el carácter de los compañeros y que terminará con la entrega de un premio a la persona más "x" seleccionada. Divida la clase en tres grupos A-B-C: cada uno de ellos va a elaborar las preguntas para descubrir o al más vago, o al más gruñón o al más bueno de la clase. Una vez escritas las preguntas, reorganice la clase: tríos (un miembro de A, otro de B y otro de C) que se harán el test tomando nota de las respuestas. Posteriormente, se vuelve a los grupos iniciales (A, B o C) para decidir quién es la persona más "x" en relación con su cuestionario inicial. Una vez tomada la decisión, se procederá al diseño y entrega de premios.

3 Los españoles no son mucho de...

Este epígrafe trata de temas socioculturales: los nombres y apellidos y las relaciones interpersonales. De la mano de este último se introduce uno de los contenidos lingüísticos de la unidad, los usos del infinitivo.

3.1. Contextualización de la secuencia de actividades que sigue. Pida a sus alumnos que lean el texto y que discutan sobre si creen o no lo que en él se afirma.

3.2. Pregunte a sus alumnos si conocen nombres típicos de los países y regiones que aparecen en su libro. Anímelos a aumentar información hablando sobre nombres de otros lugares hispanos que ellos puedan conocer. Pídales que relacionen los listados de nombres con uno de los lugares.

1. Cuba; **2.** Galicia; **3.** Argentina; **4.** Cataluña; **5.** País Vasco; **6.** México; **7.** Andalucía.

3.3. Actividad de interacción oral en parejas con la que se busca tanto activar los conocimientos previos de los alumnos sobre el uso y origen de los apellidos como despertar su interés por el tema. Divida la clase en pares y designe a cada miembro una letra, A o B. Pídales que hagan a su compañero las preguntas identificadas con su letra. Si hay muchas preguntas que no saben responder, tranquilícelos diciéndoles que luego lo verán, ya que les va a dar la información en un texto.

3.3.1. Recorte las tarjetas de la ficha 6, un juego por pareja, y entregue a cada alumno dos, de tal forma que en cada pareja tendrán el texto entero. Dígales que las lean y que comprueben o busquen la información que no sabían de la actividad anterior. Cuando terminen, pídales que lo pongan en común para tener todas las respuestas del cuestionario de 3.3.

Ficha 6. ***Apellidos.***

Actividad extra. Se acompaña en la ficha 7 una actividad para trabajar con los nombres hipocorísticos más frecuentes en español, así mismo se da información sobre los apodos. Siga las instrucciones que aparecen en el material.

Ficha 7. ***Los otros nombres.***

2) Nombre hipocorístico: Pepe; **apodo:** el Tira.
3) 1. Francisco; **2.** Jesús o M.ª Jesús; **3.** Rosario; **4.** Ladislao; **5.** Inmaculada; **6.** Asunción; **7.** M.ª Teresa; **8.** Adolfo; **9.** Consuelo; **10.** Rafael.

3.4. Interacción oral en grupo clase. Dé unos minutos a sus alumnos para que repasen las actividades 3.2. y 3.3. y que vayan generando ideas para hablar de los nombres y apellidos en su país o región. Pasee por la clase para ayudarlos con posibles dudas. Cuando ya hayan pensado lo que quieren decir inicie la conversación.

3.5. Comienza aquí una secuencia de actividades con un doble objetivo. Por una parte, se reflexiona sobre algunos comportamientos socioculturales de los españoles dentro del ámbito de las relaciones interpersonales, y por otro, se introducen algunos usos del infinitivo. Motive la actividad hablando de lo poco originales que pueden resultar algunas combinaciones de nombres y apellidos. Dígales que el español Juan Carlos García González tiene una de esas combinaciones, por tanto, con él van a pensar en algunos comportamientos socioculturales de los españoles. Para empezar, anímelos a que lean en parejas las situaciones, discutan las dos opciones y elijan la que refleje la reacción que ellos consideren más "española" (hay que tener en cuenta que no es algo absoluto y que puede variar según el carácter de las personas, las circunstancias, etc.). Es importante saber que ahora los paréntesis que preceden a algunos verbos en infinitivo no son importantes, se utilizarán más tarde.

3.5.1. Actividad de comprensión auditiva. Informe a los estudiantes de que van a escuchar una entrevista que le hicieron a Juan Carlos García y que comparen lo que él dice con sus respuestas de la actividad 3.5. Después de haber realizado dos audiciones aproveche la puesta en común para discutir las posibles diferencias, anime a sus alumnos a explicar en qué se han basado para hacer esa elección.

1. a; **2.** b; **3.** a; **4.** a; **5.** b; **6.** b; **7.** a; **8.** a.

3.5.2. Reflexión sobre algunos usos del infinitivo. La actividad consta de dos partes:

1. Pida a sus alumnos que lean las explicaciones y que observen los ejemplos para completar la información.
2. Informe a los estudiantes de que en 3.5. hay algunos verbos destacados con un cuadrado delante de ellos. Dígales que lean los usos del infinitivo del cuadro de reflexión y que clasifiquen los ejemplos en negrita de 3.5. Para ello deben escribir delante del infinitivo, en el cuadrado, el número del uso correspondiente.

1. a. posterior; **b.** anterior.
2. visitar: 3; **acercarse:** 2; **comer** o **pasar:** 9a; **tocar:** 9b; **añadir:** 4; **conseguir:** 8; **echar:** 5; **parecer:** 1; **saberes:** 1; **haber sabido:** 6; **despedirse:** 4; **seguir:** 7.

3.5.3. Invite a sus alumnos a revisar los comportamientos socioculturales anteriores y a que expliquen si alguno le ha resultado diferente a lo que pensaban.

3.6. y **3.6.1.** Tarea con la que termina el epígrafe. Estimule a sus estudiantes para que piensen en otras preguntas relacionadas con nombres, apellidos o comportamientos. Dígales que es el momento de preguntar por el porqué de algunas cosas que no entienden. Pídales que escriban cinco preguntas que pueden ir dirigidas a cualquier miembro de la clase, incluido el profesor. Pueden preguntar sobre sus lugares de origen o sobre otras nacionalidades o procedencias de las que creen que alguien puede tener información. Anímelos a levantarse y a preguntar a las personas a quienes han dirigido sus preguntas. Realice una puesta en común con la información que sus alumnos consideren interesante compartir.

4 Para terminar

Con el trabajo de las tipologías textuales terminan todas las unidades hasta la unidad 6 de Etapas Plus B2.2. Puesto que esta es la primera unidad se ofrece información sobre las características de los tipos de texto y los marcadores del discurso.

4.1. Actividad con las características de los diferentes tipos de texto según la variedad del discurso. Proyecte sobre la pizarra la transparencia 2 y pida a sus alumnos que completen las celdas de la tabla con los datos que tienen en su libro, colocando cada uno en su lugar correspondiente. Se ofrece un ejemplo con el tipo de lenguaje que utiliza el texto expositivo. Ayúdelos resolviendo las dudas que pudieran tener. Cuando lo terminen, déjeles un tiempo para que tomen nota en el cuadro que hay en su libro.

	Texto narrativo	Texto descriptivo	Texto expositivo	Texto argumentativo
Intención comunicativa	*Relata hechos que suceden a unos personajes.*	*Cuenta cómo son los objetos, personas, lugares, animales, sentimientos...*	*Explica de forma objetiva unos hechos.*	*Defiende ideas y expresa opiniones.*
Responden a	*¿Qué pasa?*	*¿Cómo es?*	*¿Por qué es así?*	*¿Qué pienso? ¿Qué te parece?*
Tipos de textos más frecuentes	*Novelas, cuentos, noticias...*	*Guías de viaje, novelas, cuentos, cartas, diarios...*	*Libros de texto, artículos de divulgación, enciclopedias...*	*Artículos de opinión, críticas de prensa...*
Tipo de lenguaje	*Verbos de acción.*	*Abundancia de adjetivos.*	*Lenguaje claro y directo.*	*Verbos que expresan opinión.*

Transparencia 2. *Textos.*

4.2. Cuadro de reflexión con marcadores discursivos propios del nivel B2. Distribuya la clase en parejas y pida que lean el uso y los ejemplos de cada grupo de marcadores para poner un nombre que les ayude a identificarlos. Ponga en común la actividad y aproveche para aclarar dudas. Si piensa que es útil para sus alumnos, fotocopie la ficha 8 con la clasificación académica de estos marcadores y entréguesela.

Le proponemos una solución a la actividad, pero recuerde que no es cerrada.

1. Aditivos; **2.** Consecutivos; **3.** Justificativos; **4.** Contraargumentativos, **5.** De inicio; **6.** De continuidad; **7.** De cierre; **8.** Explicativos; **9.** Recapitulativos; **10.** Rectificativos; **11.** De distanciamiento; **12.** Digresores; **13.** Focalizadores; **14.** De concreción; **15.** De refuerzo argumentativo.

Ficha 8. *Marcadores del discurso.*

4.2.1. Informe a sus alumnos de que algunos de los marcadores anteriores son más propios de la lengua oral. Anímelos a que los identifiquen y los subrayen.

5. bueno, bien; **7.** bueno; **9.** total; **12.** una cosa.

4.3. Tarea final de la unidad: escribir un texto expositivo utilizando uno de los temas de la unidad.

Unidad 4

El éxito

1 El misterio del éxito

En este epígrafe se introduce el tema de la unidad, se presenta vocabulario relacionado con este tema y se contrastan las tres frases condicionales.

1.1. Introduzca el tema pidiendo a los alumnos que lean el texto para contestar a las preguntas que se plantean. Haga la actividad en grupo clase. Cuando lo crea conveniente, presente posibles respuestas a las cuestiones en la siguiente actividad.

1.1.1. Pida a los alumnos que lean las respuestas, pregunten lo que no entiendan y las comparen, si procede, con las que ellos dieron en la actividad anterior. En la puesta en común, intente establecer una pequeña discusión; puede animar la interacción oral pidiéndoles que piensen en ejemplos de personas o casos que puedan ejemplificar las opiniones.

1.1.2. Motive la actividad presentando a los personajes y empresa de la actividad. Pregunte a los alumnos si los conocen o saben algo de ellos. Motíveles diciéndoles que son ejemplos de personas con éxito y pídales que busquen en ellos frases y párrafos que justifiquen algunas de las opiniones anteriores. Acláreles que puede haber más de una y que todas las respuestas pueden ser correctas si las justifican adecuadamente.

La respuesta es abierta siempre que se justifique, pero las relaciones más claras son: **Mala Rodríguez:** 3; **Panoramio:** 2, 4.

Mala Rodríguez: María Rodríguez Garrido (Jerez de la Frontera, España, 1979). La Mala es conocida por su peculiar estilo, perfilado entre el rap y el flamenco, que lleva muy presente por su origen andaluz.

Panoramio: es un sitio web dedicado a exhibir las fotografías de lugares o paisajes que los propios usuarios crean y georreferencian. Las imágenes que cumplen ciertos requisitos pueden ser vistas a través del software Google Earth. El objetivo de Panoramio es permitirles a los usuarios de este programa aprender más sobre una zona específica del mapamundi, observando las fotografías que otros usuarios han tomado ahí.

1.1.3. El objetivo de esta segunda lectura es presentar léxico relacionado con el éxito. Haga con los alumnos el ejemplo que se ofrece para mostrarles la finalidad de esta actividad.

Ponemos la acepción que más relación tiene con el éxito. **irrupción:** entrar con violencia o fuerza en un lugar; **marcar:** hacer una señal, resaltar; **revolucionar:** hacer un cambio rápido y profundo en cualquier cosa; **lanzar:** llevar lejos; **grito:** manifestación vehemente de un sentimiento general; **romper:** quebrar o hacer pedazos algo; **conquistar:** ganar, conseguir algo, generalmente con esfuerzo, habilidad o venciendo algunas dificultades; **aplastante/aplastar:** derrotar, vencer, humillar; **arrojar:** mover con violencia, con fuerza; **desorbitante:** fuera de órbita, exageradas; **arrasar:** conquistar destruyendo un lugar, triunfar con rotundidad; **volar:** ir o moverse por el aire.

1.1.4. Siga trabajando con el léxico de los textos. Pida ahora a los alumnos que expliquen con sus palabras el significado de las palabras en negrita.

1.2. Secuencia de actividades para presentar el contraste de las tres frases condicionales. Introduzca el ejercicio pidiendo a los alumnos que se fijen en las portadas de los libros. Pregúnteles si creen que este tipo de libros ayuda a las personas que los leen. Anímelos a que compartan, si procede, lecturas que hayan hecho de textos similares.

1.2.1. Comprensión auditiva en la que se presentan los modelos de lengua. Contextualice la actividad explicando a los alumnos que van a escuchar a dos amigas hablar sobre los libros anteriores. Pídales que traten de descubrir si están hablando de uno en concreto o de cualquiera de los tres. Para ello, dígales que, primero, lean los resúmenes que aparecían en la actividad anterior. Ponga la audición una vez, deje que intercambien en parejas sus opiniones y haga una puesta en común; anime a los estudiantes a que justifiquen sus respuestas.

Las dos amigas podrían estar hablando de cualquiera de los tres libros.

1.2.2. Explique a los alumnos que en la audición aparecen las tres frases condicionales. Anímelos a que, en parejas, las reconstruyan. Insista en que el contexto de la frase les ayudará a elegir el tipo de estructura que necesitan. Si lo considera necesario, proyecte la transparencia 3, en la que se acompaña un esquema con las tres condicionales. Corrija la actividad con la audición, tal y como aparece en la siguiente actividad.

Transparencia 3. ***Las tres condicionales.***

1.2.3. Ponga de nuevo la audición para corregir la actividad. En la puesta en común, aproveche para explicar las diferencias entre frases como: "si te levantaras más pronto, llegarías a tu hora al trabajo" y "si te levantas más pronto, llegarás a tu hora al trabajo", teniendo en cuenta que ambas formas podrían ser correctas.

1. Si me hubieras avisado, te habría ido a buscar; **2.** si fuera tan fácil, todos tendríamos trabajos fantásticos y mucho dinero, y seríamos felices; **3.** si lo hubieras leído, ahora las cosas te irían diferente; **4.** Si ahora mismo me aseguras que todo lo que dice es cierto, y que si leo ese libro, mis problemas desaparecen, en este mismo instante voy a la librería y compro otro ejemplar; **5.** si se tiene muy claro lo que se quiere y adónde se quiere llegar, todo es más fácil; **6.** si confiaras más en él... y en ti, seguramente tendríais más posibilidades de volver a ser felices; **7.** si te levantaras más pronto, llegarías a tu hora al trabajo y no tendrías que quedarte luego más tiempo y podrías aprovechar más la tarde para apuntarte a un gimnasio, o hacer lo que quieras; **8.** Si te hubieras arriesgado, a lo mejor ahora estarías más satisfecha; **9.** Y si no te gusta donde vives, pues múdate.

1.2.4. Ponga a los alumnos en tríos para hacer la actividad y explíqueles que deben elegir una de las tres frases condicionales dependiendo de su situación real. Anímelos también a que expresen deseos y sentimientos en relación a esas situaciones.

1.3. **Actividad opcional:** para contestar a la pregunta que se plantea en el libro, recorte los textos de la ficha 9 y cuélguelos por la clase. Pida a los alumnos que se levanten, los lean y escriban la frase que resume la idea de cada texto.

1. Sea específico en sus metas; **2.** Sea específico en el cuándo y dónde; **3.** Conozca muy bien cada etapa del camino; **4.** Sea optimista, pero con los pies en la tierra; **5.** Explore nuevas capacidades y aptitudes; **6.** Tenga coraje; **7.** Tenga disciplina y voluntad; **8.** No tiente a la suerte; **9.** Céntrese más en lo que quiere crear que en lo que desea corregir.

Ficha 9. ***Las nueve claves del éxito, según Heidi Grant.***

1.4. Secuencia que presenta algunos atenuadores del discurso. Introduzca la actividad marcando la importancia que tiene en muchas ocasiones hacer un buen uso del lenguaje. Como siempre, intente involucrar a la clase con sus opiniones y experiencias.

1.4.1. Con esta actividad se introduce el concepto de la atenuación para, posteriormente, mostrar algunos de los recursos que el lenguaje nos ofrece para ser corteses en la conversación. Para comprobar que los alumnos entienden el concepto, pídales que lo expliquen con sus palabras y anímelos a que pongan algún ejemplo.

1.4.2. En las conversaciones aparecen los modelos de lengua de algunos de los atenuadores del discurso que se quieren presentar. Haga esta primera escucha general y pida la tarea de contextualización que aparece en el libro. Deje que los estudiantes comprueben sus respuestas en parejas antes de la puesta en común.

Conversación 1: 1. Dos amigas; **2.** Hablan de una tercera persona a la que, según parece, acaban de conocer. **Conversación 2: 1.** Hablan dos antiguos compañeros o dos amigos que hace tiempo que no se ven; **2.** Hablan del éxito de uno y de la mala suerte o mal momento del otro.

1.4.3. Se han extraído de las conversaciones las frases donde aparecen los recursos utilizados para atenuar el discurso con el objetivo de facilitar a los estudiantes su comprensión y pedirles que participen en la sistematización posterior.

Todas las frases están atenuando lo que realmente se quiere decir. **1.** Es bastante raro; **2.** Está muy bien; **3.** Es feo; **4.** Tiene los ojos tristes; **5.** Le va mal; **6.** Le va bastante bien; **7.** Ha tenido bastantes problemas; **8.** Hoy está muy negativo; **9.** Lo ve bastante deprimido; **10.** Está deprimido.

1.4.4. Pida a los alumnos que, en parejas, sistematicen los recursos anteriores. Ponga con ellos el primer ejemplo para guiarles en la actividad (solo deben completar la explicación de los primeros cuatro recursos) y haga que se fijen en el resto de recursos que ya aparecen expresados, pero no se preocupe demasiado por estos, ya que se centrará en ellos en la siguiente actividad.

1. Usar diminutivos; **2.** Hacer comparaciones; **3.** Utilizar frases en forma negativa; **4.** Usar palabras como: *poco, algo, mucho...* para expresar lo contrario o quitar importancia a lo que se está diciendo.

1.4.5. Para completar la explicación anterior, vuelva a poner la audición para que escriban los ejemplos de los tres últimos recursos. Ayúdelos aclarándoles que aparecen en la segunda conversación.

5. Por lo visto en esta vida no se puede tener secretos; **6.** Me han dicho que no te va nada mal; **7.** Todo se va arreglando.

1.4.6. Anímelos a que inventen conversaciones similares a las escuchadas usando el mayor número posible de recursos para atenuar el discurso. Dígales que las frases de la actividad sirven para ayudarlos con las ideas, pero que, si lo prefieren, pueden prescindir de ellas.

1.4.7. Anime y motive a los alumnos para hacer esta actividad.

2 El éxito en el trabajo

En este epígrafe se hace un trabajo de integración de destrezas y se presenta léxico relacionado con el éxito laboral. Los temas que se tratan son las llamadas *start-up*, los métodos de selección laboral y, como contenido cultural, la obra y película *El Método Grönholm*.

2.1. Motive la actividad y sondee la información que puedan tener los estudiantes sobre el tema pidiéndoles que completen el esquema. Haga la actividad en grupo clase para que los alumnos compartan sus conocimientos, pero no la corrija ya que se les facilita la solución en la siguiente actividad.

2.1.1. Proyecte la transparencia 4 para que lean el texto y corrijan o completen la actividad anterior.

Transparencia 4. ***Las start-up.***

2.2. Introduzca el léxico relacionado con el éxito laboral animando a los alumnos a que realicen la actividad en grupos. Pídales que justifiquen sus opiniones y que usen el diccionario, si lo necesitan. Haga, posteriormente, una puesta en común.

2.3. En esta secuencia se habla de los diferentes métodos de selección de personal. Motive el tema con los carteles de la obra y de la película. Anime a los estudiantes, si nunca han oído hablar sobre este método, a que especulen sobre él a partir de la información que aparece en las imágenes.

> *El Método Grönholm* fue, inicialmente, una obra teatral escrita por Jordi Garcerán para el circuito catalán. Más tarde, fue adaptada al castellano y tuvo gran éxito, tanto en España (interpretada por Cristina Marcos, Carlos Hipólito, Jorge Roelas y Jorge Bosch) como en Argentina (donde actúan Alejandra Flechner, Gabriel Goity, Martín Seefeld y Jorge Suarez). También ha sido representada en Portugal. Posteriormente, tras ser adaptado su guion por el propio autor, se convirtió en una película dirigida por Marcelo Piñeyro y protagonizada, entre otros, por Carmelo Gómez, Natalia Verbeke, Eduardo Noriega, Eduard Fernández, Najwa Nimri, Ernesto Alterio, Adriana Ozores y Pablo Echarri.
>
> El argumento de la obra original es sencillo: cuatro candidatos se enfrentan a un proceso de selección para una multinacional. Pero no se trata de un proceso de selección al uso, sino que se sigue un método concreto, el Método Grönholm. A través de las distintas pruebas eliminatorias, los implicados van descubriendo sus carácteres (tan distintos) y van reflexionando sobre el propio sistema de selección y sobre algunas particularidades de nuestro sistema empresarial y laboral: la participación de la mujer, la compatibilidad de la vida profesional y personal, los estilos directivos, la coherencia de la carrera profesional...

2.3.1. Si los alumnos todavía no saben en qué consiste el método, siga especulando a partir del argumento; es por esta razón que las palabras clave aparecen escondidas. En caso contrario, utilice la lectura para confirmar sus hipótesis iniciales.

2.3.2. Comprensión lectora que servirá como punto de partida para hablar de los métodos de selección de personal que aparecen recogidos. Corrija el ejercicio de comprensión e inicie la discusión sobre el tema. De nuevo, trate de involucrar a los alumnos con su experiencia y conocimientos, animándoles a que pongan ejemplos.

1. entrevista en grupo; **2.** recursos humanos; **3.** pruebas grupales; **4.** sinceridad; **5.** correcto.

Entrevista estructurada: pretende medir unas capacidades y actitudes claramente definidas basadas en el análisis del puesto.

Ejercicios de simulación y de situaciones: el propósito es observar y evaluar cómo el candidato enfrentaría situaciones reales de su futuro puesto de trabajo. Por lo general, este método se utiliza para evaluar destrezas asociadas a puestos gerenciales. Este método se puede utilizar de forma individual o de forma grupal.

Datos biográficos: este método es utilizado para obtener información del candidato relacionada con sus actividades e intereses particulares. Tiene su origen en el supuesto de que no hay mejor predictor del comportamiento futuro que el comportamiento pasado.

Prueba de habilidades cognitivas, de inteligencia y de aptitudes: son una familia de pruebas diseñadas para medir la capacidad intelectual. La diferencia básica entre dichas pruebas es que unas pretenden medir la capacidad intelectual general y otras miden componentes específicos de la misma.

Prueba de personalidad: se basa en la idea de que no es suficiente medir solamente la habilidad cognitiva del candidato, sino que se hace necesario evaluar las motivaciones, valores, necesidades y metas de una persona.

2.3.3. Actividad que motiva e introduce la siguiente. Hágala a modo de competición para forzar a los alumnos a que piensen en el mayor número posible de situaciones. Anímelos a que imaginen pruebas lo más raras o absurdas posibles.

2.3.4. Siga utilizando el elemento lúdico y explíqueles que el tiempo es muy importante en este tipo de pruebas que tratan de medir las capacidades y las habilidades. Haga de moderador y medidor del tiempo.

2.3.5. **Actividad opcional:** si considera que los alumnos están interesados en saber más sobre la obra, recorte las tarjetas de la ficha 10 y cuélguelas por la clase. Pida a los alumnos que se levanten y las lean. Haga después una puesta en común y discuta sobre el valor de estas situaciones y estas formas de selección de personal.

Ficha 10 (A y B). ***El Método Grönholm.***

2.4. Actividad de interacción oral. Haga la actividad en grupos pequeños y, al final, si lo considera interesante, haga una puesta en común.

3 Trabajo, mujer y ¿éxito?

En este epígrafe se trata el tema de la mujer en el ámbito laboral y se presentan diferentes tipos de interrogativas y expresiones con el verbo *echar*.

3.1. Todos los titulares tienen en común que hablan sobre algún aspecto relacionado con la situación laboral de la mujer en España. Introduzca el tema con la lectura de los titulares y sondee la sensibilidad de los estudiantes sobre este asunto. Se recomienda ser prudente en su tratamiento y vigilar las reacciones de los estudiantes.

3.1.1. Contextualice la audición explicando a los alumnos que van a escuchar a dos compañeras de trabajo tras la vuelta de vacaciones de una de ellas. Haga esta primera actividad de escucha general, ya que en las actividades posteriores se hará un análisis de las expresiones y estructuras interrogativas que se quieren presentar.

Conciliar trabajo y familia, discriminación salarial.

3.1.2. Explique a los alumnos que en la audición aparecen expresiones con el verbo echar. Dígales que son en estas en las que se tienen que fijar para hacer la actividad. En la corrección, llame la atención a los estudiantes sobre las otras expresiones que aparecen en el cuadro de sistematización y explíqueles los siguientes usos:

- el uso opcional de la preposición *para* en la expresión *echarse (para) atrás.*
- el carácter enfático del uso del artículo indeterminado en *echar una bronca*, frente a *echar la bronca.*

1. echar en cara; **2.** echar de menos; **3.** echarse (para) atrás; **4.** echar una/la bronca; **5.** echar chispas.

3.1.3. Motive el aprendizaje de los alumnos animándoles a que deduzcan el significado de las frases interrogativas que se quieren presentar y cuyos modelos de lengua aparecen en la conversación anterior. Pídales que no miren la siguiente actividad, ya que tendrían la solución a estas preguntas. Haga la actividad en grupo clase.

3.1.4. En esta primera actividad de la sistematización de las frases interrogativas se trata de que los alumnos distingan los dos tipos generales de oraciones. Divida la clase en parejas, haga fotocopias de la ficha 11, recorte las tarjetas y reparta un juego a cada grupo. Pídales, antes de volver a escuchar, que escriban en número del ejemplo dentro de cada clasificación. Ponga la audición para que oigan las interrogativas dentro de su contexto y puedan ver con más claridad su significado y función en una conversación.

Interrogativas repetitivas o de eco. Definición: 2; Ejemplos: 3, 4, 6, 7, 8, 9, 10, 11.
Interrogativas retóricas. Definición: 1; Ejemplos: 5.

Ficha 11. ***Frases interrogativas.***

3.1.5. Se ofrece a los alumnos la información completa sobre los dos tipos de interrogativas presentadas. Pídales que lean las explicaciones, miren los ejemplos y que clasifiquen las anteriores frases en el lugar correspondiente.

1. a. Interrogativas recapitulativas: ¿Que se te ha hecho corto a ti? ¿Que qué ha pasado? ¿Que te dijo qué? ¿Qué tienes que estar a qué hora dónde?; **b. Interrogativas especificativas:** ¿No tenías a nadie para qué? ¿Que te echó una bronca, por qué?; **c. Interrogativas explicativas:** ¿Que hay rumores de qué? ¿Que viene quién?; **2. Interrogativas retóricas:** ¿Acaso no se hizo el sordo cuando le pediste que te explicara por qué cobrabas menos que Germán?

3.2. Para que la actividad pueda entenderse, deje claro el punto de vista desde el que se han hecho los comentarios: están extraídos de un texto que trata de demostrar la discriminación de la mujer en el trabajo. Como hemos recomendado al principio de este epígrafe, intente no dar su opinión personal sobre el tema y, sobre todo, sea sensible a las reacciones de sus estudiantes.

Desde el punto de vista aclarado, los comentarios que se refieren a ella son: **1.** b; **2.** a; **3.** a; **4.** a; **5.** b; **6.** b; **7.** a; **8.** a; **9.** b; **10.** b.

3.2.1. Para hacer esta práctica de lenguaje de las interrogativas vistas, dígales que se fijen solamente en los comentarios que se refieren a ella (actividad 3.2.) y que los relacionen con las frases interrogativas y las completen. Pídales que elijan la intención para ponerle la entonación adecuada, pero adviértales que en algunos casos solo hay una opción en cuanto a la intención. Haga la actividad en parejas, deje que ensayen las pronunciaciones y haga finalmente una puesta en común.

a. qué: 2; **b.** con quién: 3; **c.** No: 10; **d.** qué: 6; **e.** Que: 7; **f.** dónde: 1; **g.** Que: 5; **h.** si: 8; **i.** Que: 9; **j.** en qué: 4.

3.2.2. Si lo considera, haga la actividad de interacción oral en grupo clase.

4 Para terminar

En esta unidad se pide a los alumnos que elaboren un texto argumentativo.

4.1. Pida a los alumnos que busquen a un compañero para hacer la actividad.

4.2. Explíqueles que este es uno de los posibles esquemas que pueden ayudarlos a escribir un texto argumentativo. Deje que lo miren primero y aclíreles todas las dudas que tengan.

Unidad 5

Geografías

Esta unidad trata de acercar al estudiante a la geografía de Hispanoamérica a través de amplias descripciones de lugares, por ello la unidad termina con la redacción de un texto descriptivo. Con ese tema vertebral se trabajan los contenidos lingüísticos más destacables: las expresiones del tiempo atmosférico, el léxico de accidentes geográficos, los verbos *ser* y *estar*, las expresiones de ubicación y los verbos de cambio.

1 ¿Qué tiempo hará mañana?

Este epígrafe está dedicado al tiempo atmosférico y el clima. Se introducen los contenidos culturales de los partes meteorológicos y los climas de países de habla hispana. Se aprovecha para presentar algunas de las expresiones coloquiales que se utilizan con léxico relacionado con el tiempo.

1.1. Actividad para contextualizar el tema del tiempo atmosférico. Pida a sus alumnos que observen la foto y que piensen qué les sugiere. Guíelos para observar a la gente, que va muy abrigada, los cielos nublados y los árboles desnudos, así podrá sacar el tema del frío. Pregúnteles sobre el tiempo que creen que hace.

1.1.1. Comprensión auditiva con los modelos de lengua del léxico que se utiliza en los partes meteorológicos. Llame la atención de sus alumnos hacia los mapas que tienen en sus libros y dígales que van a escuchar las predicciones asociadas a ellos, explíqueles que tienen que relacionarlas con la imagen correspondiente, se trata de una escucha de carácter general.

1. B; **2.** A.

1.1.2. Reflexión sobre los significados de vocablos relacionados con el tiempo atmosférico. Divida la clase en parejas y pídales que asocien las palabras que tienen en su libro con los símbolos utilizados en los mapas de 1.1.1.

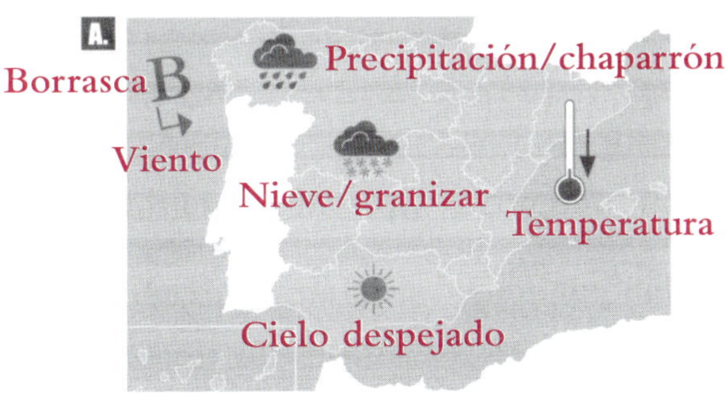

1.1.3. Sistematización del contenido lingüístico presentado en la audición. Realice una segunda escucha pidiendo a los estudiantes que completen las expresiones del cuadro. Anímelos a comparar en parejas después de escuchar y si es necesario, repita la audición antes de corregir la actividad. Resuelva las dudas de significado que tengan los alumnos.

1. Acercarse; **2.** un anticiclón; **3.** suave; **4.** Caer; **5.** tormenta; **6.** Soplar; **7.** Bajar; **8.** granizar.

1.2., 1.2.1. y 1.2.2. Tarea que cierra esta secuencia del epígrafe. Fotocopie las fichas 12 A y B y reparta a la mitad de la clase un modelo y a la otra mitad el otro. Anime a sus alumnos a escribir el parte meteorológico para el país que tienen en primer lugar al mismo tiempo que dibujan los símbolos sobre el mapa. Divida la clase en parejas de tal manera que cada miembro tenga un modelo de ficha diferente (A o B). Pídales que expliquen a su compañero el parte que han escrito mientras estos dibujan los símbolos en el mapa que tienen en la parte de abajo de su fotocopia. Para terminar dígales que comparen las versiones de los mapas correspondientes al mismo país para ver si hay muchas diferencias.

Ficha 12 (A y B). ***Parte meteorológico.***

Actividad extra. En la pista 39 del CD puede encontrar una versión de la canción de Joaquín Sabina titulada *Parte meteorológico*. Proponemos la siguiente dinámica:

1. Escriba en la pizarra las siguientes palabras: *tormentas, viento, hielo, huracán, diluvio, gota fría* y *rayo*. Informe de que están extraídas de una canción cuyo título es *Parte meteorológico*.

2. Comente con los alumnos sus significados y promueva que se den las explicaciones necesarias.

3. Pida a sus alumnos que elijan en secreto dos de esas palabras y dígales que cuando escuchen la canción deben levantarse al escuchar la primera y sentarse al escuchar la segunda.

4. Responsabilice a cada estudiante de observar a un compañero para saber qué palabras ha elegido.

5. Ponga la canción y pregúnteles por las palabras elegidas por el compañero que han observado.

1.3. Actividad opcional, si cree que sus alumnos tienen interés en el léxico y la información relacionada con los climas de los países de habla hispana, le recomendamos que haga esta y la siguiente actividad. Empiece por realizar el rellena huecos del texto que confirma que los alumnos comprenden los significados de esas tres unidades léxicas.

a. latitud; **b.** altitud, nivel del mar.

1.4. y 1.4.1. Recorte las tarjetas de la ficha 13 y distribúyalas entre los alumnos. Pídales que empiecen a completar el cuadro que tienen en su libro con la información que les proporciona su tarjeta. Se trata de que tomen notas de lo más importante. Anímelos a extraer un máximo de tres o cuatro ideas. Después, invítelos a que pongan en común toda la información en grupo clase a fin de completar los espacios que todavía tienen vacíos en el cuadro.

Ficha 13. ***Climas hispanos.***

1.5. Actividad para presentar algunas expresiones coloquiales frecuentes que contienen léxico relacionado con el tiempo. Recorte las tarjetas de la ficha 14 y reparta un juego a cada pareja o trío. Pídales que intenten deducir el significado de las expresiones en negrita por el contexto e infórmeles de que las tarjetas tienen los significados de dichas expresiones para ayudarles o bien a deducirlo o bien a comprobarlo. Realice una puesta en común para aclarar las posibles dudas que hayan surgido.

1. B; **2.** H; **3.** D; **4.** E; **5.** J; **6.** I; **7.** C; **8.** G; **9.** F; **10.** A.

Ficha 14. ***Expresiones coloquiales.***

1.5.1. A modo de fijación, anímelos a que escriban con sus propias palabras los significados de las expresiones. Le recomendamos que compruebe si son acertados o no.

1.6. y **1.6.1.** Actividad para practicar las expresiones coloquiales presentadas. Recorte los cuestionarios y divida la clase en tríos. A cada alumno de un grupo dele un modelo de tarjeta (A, B o C). Pídales que escriban dos preguntas más utilizando las expresiones. Hágales notar que las tres que ya tienen les pueden servir como modelo. Cuando hayan terminado, invítelos a hacerse las preguntas en los tríos.

Ficha 15. ***¿Puedo preguntarte?***

2 Geografía hispana

Es en este apartado donde se profundiza sobre el componente cultural de la geografía del mundo hispano, a través del cual se trabaja el léxico relacionado con el tema, se contrastan los verbos *ser* y *estar* y se presentan otras formas de referirse a la ubicación.

2.1. Para contextualizar y motivar el tema se ofrecen fotos de diferentes paisajes o mapas de Hispanoamérica o España. Pídales a sus estudiantes que observen las fotos y que digan si conocen esos lugares o dónde creen que podrían estar (continente, país, región...). Se ofrece transparencia con las mismas imágenes por si quiere proyectarla.

Transparencia 4. ***Geografía hispana.***

2.1.1. Informe a sus alumnos de que las fotos anteriores representan distintos accidentes geográficos. Anímelos a que lean sus definiciones y que las relacionen con las imágenes de 2.1. Seguramente será difícil identificar en las fotos el accidente geográfico que se pretende mostrar, le recomendamos que se apoye en las definiciones para solventar este eventual problema.

1. río; **2.** lago; **3.** glaciar; **4.** cataratas; **5.** golfo; **6.** bahía; **7.** volcán; **8.** llanura; **9.** meseta; **10.** desierto; **11.** estrecho; **12.** cordillera.

2.1.2. Una vez que ha introducido el vocabulario, se propone esta actividad para presentar el contenido cultural relacionado: algunos de los lugares más relevantes de Hispanoamérica y España que cuentan con los accidentes geográficos presentados. Recorte las tarjetas de la ficha 16 y repártaselas a los alumnos para que las relacionen con las imágenes. Si ha proyectado las fotos, puede pedirles que las peguen junto a la que corresponda.

1. El río Paraná (Argentina, Brasil y Uruguay); **2.** El lago Titicaca (Bolivia y Perú); **3.** El glaciar Upsala (Argentina); **4.** Las cataratas de Iguazú (Argentina y Brasil); **5.** El golfo de México (océano Atlántico); **6.** La bahía de la Habana (Cuba); **7.** El volcán Nevado del Ruiz (Colombia); **8.** La Pampa (Argentina); **9.** La meseta de Castilla (España) **10.** El desierto de Atacama (Chile); **11.** El estrecho de Gibraltar (al sur de España); **12.** La cordillera de los Andes (oeste de Suramérica).

Ficha 12. *Geografía hispana.*

2.2. Práctica del léxico de 2.1., si lo cree conveniente, realícela. Divida la clase en dos grupos y pida un voluntario de cada uno que se situarán de espaldas a la pizarra. Escriba una de las palabras de accidentes geográficos en la pizarra y pida al resto del grupo que puede verla que se la expliquen a su compañero sin gestos. El primer grupo que la acierte tiene un punto. Repita la actividad y vaya contabilizando los puntos para saber quiénes han ganado cuando ponga fin a la competición.

2.3. y 2.3.1. Esta tarea tiene dos objetivos. Por una parte se pretende acercar al alumno a algunas palabras útiles para la descripción de lugares y por otra se ofrecen muestras de lengua con frases en las que se intensifica una parte del discurso. En primer lugar confirme que sus estudiantes conocen las palabras subrayadas, si tienen alguna duda, pídales que se las expliquen entre ellos. Después póngalos en parejas y pídales que piensen de qué fotos de 2.1. podrían decir cada una de esas frases.

2.3.2. Sistematización de los recursos empleados para intensificar el discurso que se han introducido en la actividad anterior. Invite a los alumnos a observar los ejemplos en negrita y a que los clasifiquen en el cuadro.

1. calurosísimo; **2.** tranquilo tranquilo; **3. a.** una maravilla; **b.** grandioso, impresionante; **c.** me fascina; **d.** extraordinariamente; **4.** incluso.

Otros ejemplos de estos recursos para intensificar el discurso son:

1. Palabras con una marca semántica de significado más intenso:

- sustantivos: *monstruo, caos, desastre, preciosidad, prodigio...*
- adjetivos: *genial, fantástico, magnífico, excelente, espectacular, fatal, bárbaro* (Hispanoamérica),...
- verbos: *cautivar, encantar, maravillar, detestar, diluviar...*
- adverbios: *estupendamente, increíblemente, horrorosamente...*

2. Marcadores del discurso de intensificación: *hasta, es más...*

2.4. Práctica de lenguaje que integra los contenidos presentados en las actividades anteriores. Invite a los estudiantes a que se levanten y se formulen las preguntas propuestas. Cuando encuentren a alguien que responda positivamente, dígales que pueden escribir su nombre en la columna correspondiente y preguntar por más detalles que pueden anota en la siguiente columna.

2.5. Con el fin de recordar a los alumnos cómo se leen en los dictados los signos de puntuación se ofrece esta actividad de relacionar. Proporcione las aclaraciones necesarias sobre las palabras entre paréntesis.

1. c; **2.** f; **3.** a; **4.** e; **5.** b; **6.** g; **7.** d; **8.** h.

2.5.1 y 2.5.2. Dictado de carreras con el texto que encontrará en la ficha 17. Fotocópielo por duplicado y péguelo sobre las paredes en dos lugares diferentes del aula. Divida a los alumnos en parejas y pídales que cierren el libro. Dígales que un miembro de cada una tiene que levantarse para dictar a su compañero el primer párrafo del texto que encontrarán en la pared. Especifique a qué lugar debe ir cada pareja. Infórmeles que cuando lleguen al segundo párrafo los integrantes de la pareja intercambiarán sus papeles. Dote a la actividad de sentido de competición. Cuando terminen de dictarse, dígales que comparen sus textos con la versión original que tienen en su libro.

Ficha 17. ***Dictado de carreras.***

2.5.3. Reflexión sobre algunos usos de *ser* y *estar*. Guíe la atención de los alumnos hacia el cuadro gramatical y pídales que miren los ejemplos para comprobar que entienden todos los usos. A continuación, dígales que clasifiquen los ejemplos, identificados con el verbo en negrita, del texto de 2.5.1. En el cuadro se ofrecen otros ejemplos para facilitar la tarea. Recuerde que el verbo *ser* no puede combinarse con adverbios ni con gerundio.

SER: b. Sus calles eran estrechas y rectas; **d.** Las grandes fiestas son en esta Plaza de Armas; **e.** El Inti Raymi es el 24 de junio; **h.** Cusco es el principal centro turístico del país; **j.** Muchos habitantes son agricultores; **l.** En 1983 fue declarada Patrimonio de la Humanidad; **n.** Las paredes de los edificios del centro eran de piedra.

ESTAR: b. Los habitantes estaban siempre contentos; **d.** La ciudad de Cusco está en el sur de Perú; **g.** En los suburbios estaban hechas de adobe; **h.** Su gran plaza estaba dividida en dos partes; **j.** El gobierno siempre ha estado con el turismo; **l.** Ahora está hecha toda una ciudad moderna.

2.6. Actividad de completar espacios en blanco. Pida a sus alumnos que piensen en qué verbo debe ir en cada hueco a la vez que eligen el tiempo correcto para escribirlo en los huecos.

1. son; **2.** es; **3.** era; **4.** es; **5.** es; **6.** estuvo; **7.** fue; **8.** está; **9.** fue; **10.** son; **11.** Estamos; **12.** son; **13.** está; **14.** está; **15.** son; **16.** estaba.

2.6.1. Para dotar de más significatividad a la tarea anterior se propone una discusión en parejas sobre las frases que han completado. Invítelos a relacionar esas frases con un lugar de América Latina, así además seguirá introduciendo más contenidos culturales. Proyecte la transparencia 6 con el mapa para ayudarles a generar ideas. Tenga en cuenta que alguna de las frases no tienen una solución cerrada.

1. Argentina; **2.** Cusco (Perú); **3.** México; **4.** Colombia; **5.** México; **6.** Chile; **7.** Perú; **8.** Costa Rica; **9.** México; **10.** Colombia; **11.** Perú, Chile, Ecuador, Colombia; **12.** México; **13.** Chile, Argentina; **14.** Perú; **15.** Isla de Pascua (Chile); **16.** Cuba.

Transparencia 6. ***Mapa de Hispanoamérica.***

2.7. y **2.7.1.** Tarea de comprensión lectora con múltiples objetivos: desarrollo de esta destreza lingüística, introducción de datos sobre Cuba y mostrar ejemplos del contenido lingüístico que se trabaja en 2.7.2. Comience sondeando el conocimiento que tienen sus alumnos sobre la isla, pregúnteles si han estado alguna vez en ella. Para activar más su conocimiento previo, anímelos a discutir en parejas sobre las posibles respuestas a las preguntas de su libro. Tranquilícelos si no tienen mucha información, ya que luego se la va a proporcionar el texto. A continuación, pídales que lean el texto para comprobar si sus respuestas eran acertadas o buscar las que les falten.

1. En el Mar Caribe; **2.** Sus ciudades, parajes naturales, las playas y sus productos; **3.** La Habana y Santiago de Cuba; **4.** El Malecón (paseo marítimo); **5.** Por sus playas; **6.** Preciosos: aguas turquesa, arena blanca y fina, barreras de corales, etc.; **7.** Tabaco; **8.** En la provincia de Pinar del Río.

2.7.2. Reflexión sobre algunas palabras relacionadas con la ubicación de un lugar. Haga notar a sus alumnos que el verbo *estar* en su significado de localización tiene algunos sinónimos. Infórmelos de que pueden encontrar algunos en el texto anterior, además de algunas locuciones y adjetivos que sirven para determinar el lugar. Pídales que vuelvan a leer el texto deteniéndose en las palabras resaltadas para completar el cuadro.

b. hallarse; **c.** quedar; **e.** limitar; **1.** medio; **4.** orilla; **6.** largo; **10.** cercano.

2.8. y **2.8.1.** Práctica de lenguaje. Active su conocimiento del mundo invitándo a sus alumnos a localizar Uruguay en Sudamérica. Si lo cree apropiado, puede utilizar la transparencia 6 de la actividad 2.6.1. Propóngales que practiquen las estructuras de localización escribiendo cinco frases relacionadas con el mapa. Cuando terminen, póngalos en parejas para que comparen sus producciones y ver si coinciden en algo.

2.9. y **2.9.1.** Tarea final del epígrafe. Llegados a este punto de la unidad se habrán generado varias ideas sobre lugares de Hispanoamérica y España. Empiece con una pequeña interacción oral invitando a los alumnos a que compartan sus experiencias viajeras directas o de tipo indirecto (visionado de documentales, lectura de artículos, etc.). Propóngales la elaboración de un mural con lugares que a ellos les gusten. Siga los pasos expuestos en el libro del alumno. Le recomendamos que lleve algunas fotos por si algún alumno necesitara un poco más de guía, así puede elegir entre las que usted aporte.

3 Los nuevos mundos modernos

Es sabido que el continente americano se ha conocido durante siglos con la denominación de "el Nuevo Mundo". Frente a este mundo, que ya no es tan nuevo, recientemente han ido apareciendo otros de carácter más artificial, a ellos se dedica este epígrafe. Dubái es el tema central y con su transformación se introducen los verbos de cambio.

3.1. Con el objeto de contextualizar el tema del epígrafe se propone esta interacción oral en grupo clase. Deje a sus alumnos que lean las preguntas y piensen sobre ellas antes de realizar la puesta en común. Es probable que ya en esta actividad se mencione la ciudad de Dubái, si es así, aprovéchelo para hacer el tránsito a la siguiente, si no, provoque usted su alusión.

3.2. Comprensión auditiva para presentar los verbos de cambio. Una vez que ya ha sacado el tema de Dubái, contextualice esta audición informando a los estudiantes de que van a escuchar una conversación que habla del tema de su espectacular transformación. El diálogo es entre dos españolas, una de ellas vive en este emirato. Explique la tarea de completar la información que falta en la columna central ("después del cambio") y advierta de que ahora no deben prestar atención a la columna derecha ("verbo que utiliza para expresar el cambio"). Corrija la actividad después de escuchar y comparar en parejas.

1. Ciudad animada y tecnológicamente avanzada; **3.** 50 000 millones de euros; **4.** Ciudad artificial y exclusiva; **6.** El puerto más importante del Golfo Pérsico; **8.** Arenas de color naranja con diferentes tonalidades; **9.** Los turistas están dormidos.

3.2.1. Vuelva a poner la audición para completar la columna derecha. Como esta escucha es más selectiva, haga alguna pausa si lo considera conveniente.

1. convertir en; **2.** volverse; **5.** hacerse; **6.** convertirse en; **7.** ponerse; **9.** quedarse.

3.2.2. Reflexión gramatical sobre el uso de los verbos de cambio. Pida a sus alumnos que observen el cuadro que acaban de completar con la audición y las explicaciones de los verbos que tienen en esta actividad. Dígales que escriban cada verbo en el espacio que le corresponde. Aproveche para recordarles que el verbo *ponerse* que aprendieron con las comparaciones estereotipadas en la unidad 1 tiene significado de verbo de cambio. Si piensa que es útil entregársela, se ofrece la transcripción de la audición en la ficha 14.

1. convertir(se); **2.** ponerse; **3.** volverse; **4.** hacerse; **5.** quedarse.

Ficha 18. ***Dubái.***

3.3. Práctica de lenguaje que persigue la finalidad de mecanizar algunas colocaciones frecuentes con verbos de cambio. Fotocopie la ficha 19 y reparta un único modelo (A, B o C) a cada alumno, teniendo en cuenta que luego hará tríos. Dígales que centren su atención en la columna derecha ("dices") y pídales que combinen cada verbo con una de las palabras o expresiones que tienen en la parte de abajo del cuadro. Aunque se ofrece la solución, no es necesario que la haga si no le parece conveniente, ya que cuando realicen el oyes-dices la propia actividad propiciará la autocorrección.

Ficha 19. ***Oyes-dices.***

A. hacerse taxista; convertirse al islam; volverse insoportable; quedarse quieto; ponerse moreno. **B.** quedarse calvo; volverse egoísta; hacerse mayor; ponerse colorado; convertirse en la meca del cine. **C.** volverse más flexible; hacerse budista; quedarse sordo; convertirse en campeón del mundo; ponerse pálido.

3.3.1. Forme grupos de tal manera que quede al menos un representante de cada letra en cada uno. Comienza el alumno que tiene la tarjeta identificada con la A diciendo "hacerse taxista". Quien tenga esta expresión en su columna "oyes" debe continuar con la expresión que tiene a su derecha, en este caso "quedarse calvo" (tarjeta B). Así sucesivamente hasta que lleguen al final.

3.4. En la ficha 20 se ofrece otra práctica de los verbos de cambio. Fotocopie los dos tipos de ficha, A y B. Reparta solo uno a cada alumno intercalando las letras. En primer lugar, pídales que trabajen de manera individual completando con verbos de cambio las frases que tienen en la primera parte de la ficha. Después anímelos a mirar los dibujos de la segunda parte y a que piensen qué cambios se podrían producir, pídales que lo escriban en el espacio correspondiente.

1. se quedó; **2.** se ha convertido; **3.** se hizo; **4.** se hizo; **5.** se volvió; **6.** se hizo; **7.** se convirtió.

Ficha 20 (A y B). ***Cambios.***

3.4.1. Empareje a sus alumnos, un A con un B, y pídales que expliquen sus hipótesis sobre los dibujos de la segunda parte de la ficha y que las comparen con las versiones que tienen sus compañeros.

3.5. Como actividad opcional se propone esta interacción oral para hablar de otros lugares que han sufrido transformaciones importantes. Proyecte las fotos de la transparencia 7 para generar ideas.

Shanghái es la ciudad más poblada de China. En 1990 la zona de rascacielos que aparece en la imagen junto al río Yangtsé estaba completamente desierta. En la década de los 90, Shanghái experimentó un espectacular crecimiento financiero y turístico, se convirtió en la sede de numerosas empresas multinacionales y se construyeron modernos rascacielos. En el primer plano de la foto vemos la Torre de la Perla Oriental, que es uno de los edificios más altos de China.

Las Vegas empezó a desarrollarse en 1931 cuando se legalizó el juego. En la década de los 40 se comenzaron a construir hoteles con casinos y poco a poco se ha ido extendiendo formando nuevos barrios y convirtiéndose en la ciudad de las luces de neón que es hoy.

São Paolo ha crecido sobre todo de manera vertical, lo que se traduce en esa gran cantidad de rascacielos que se ven en la imagen. Es la tercera ciudad del mundo en número de grandes edificios (solo Hong Kong y Nueva York están por delante). Los grandes edificios de la ciudad empezaron a ser construidos hace cerca de un siglo. El edificio Mirante do Vale es conocido como el rascacielos más alto de Brasil, con 172 metros y 51 pisos. Actualmente existen restricciones para seguir construyendo rascacielos a fin de evitar el aumento de la densidad de población.

Bilbao se ha transformado admirablemente en los últimos 20 años. En la década de los 80 era una ciudad industrial, contaminada y nada atractiva. Cuando la industria entró en decadencia se apostó por el arte y en el año 97 se inauguró el Museo Guggenheim. Con la renovación de su entorno, la recuperación de la Ría y la construcción de otros edificios por arquitectos de primer orden se ha convertido en una de las ciudades más modernas y atractivas de Europa.

En **Kuala Lumpur** junto a barrios antiguos se alzan rascacielos que parecen no tener fin. Las Torres Petronas de 1998 (en la foto) son las torres gemelas más altas del mundo y uno de los edificios más conocidos de la ciudad. Se pueden ver casi desde cualquier ángulo. A finales del siglo XX el auge de la zona se reflejó en modernas construcciones como el aeropuerto o el circuito de automovilismo de Sepang.

Abu Dabi ha sufrido un rápido desarrollo y urbanización impulsado por la riqueza del petróleo y el gas, al igual que otros emiratos que eran solo desierto. Este hecho unido a la elevada renta media de su población, ha impulsado su transformación en la última década del siglo XX y primera del XXI. Actualmente es sede de importantes instituciones financieras y empresas multinacionales. En la foto se ven algunos edificios de oficinas.

Transparencia 7. *Ciudades con cambio.*

3.6. y **3.6.1.** Tarea para recoger información que ha salido durante toda la unidad. Divida la clase en grupos (2 o 3, depende del número de alumnos que tenga) y pídales que completen las preguntas para el concurso. Pasee por la clase para ayudarlos en lo que necesiten y generar ideas. Cuando hayan escrito todas las preguntas, lleve a cabo el concurso. Cada grupo hará sus preguntas a otro y si acierta, tendrá un punto. En caso de tener más de dos grupos, puede hacer rebote para dar la oportunidad de responder a otro. Finalice la actividad declarando un equipo ganador.

4 Para terminar

En esta unidad se propone a los estudiantes que elaboren un texto descriptivo.

4.1. y **4.1.1.** Comprensión lectora que sirve como modelo textual. Motive la actividad comentando la frase de 4.1.: se refiere a Ushuaia, en el sur de Argentina. Pida a sus alumnos que relacionen cada párrafo con su explicación.

1. C; **2.** D; **3.** B; **4.** A.

4.2. Siga las instrucciones que aparecen en el libro del alumno y resuelva las dudas que tengan. Es conveniente que recuerde las características de los textos descriptivos que aparecieron en la unidad 3.

Unidad 6

Literatura y cine contemporáneo

En esta unidad trabajamos la literatura y el cine por su potencial como fuente de inspiración para la creación de actividades comunicativas e integradoras de las cinco destrezas lingüísticas y de elementos culturales pertenecientes al mundo hispanohablante. El enfoque orientado a la acción en la enseñanza de la Lengua y de la Literatura origina la necesidad de aproximación a las distintas modalidades textuales que la persona es capaz de manejar. El estudiante va a tener que enfrentarse en muchas ocasiones a estructuras literarias que poseen un mayor grado estético en su elaboración, y que alejadas de las estructuras lingüísticas cotidianas, enriquecen el uso del lenguaje y promueven nuevos modos de ver la realidad.

1 De poesía

A través de modelos textuales poéticos en este epígrafe aprovechamos para ampliar el conocimiento léxico, gramatical (oraciones de relativo) y cultural de los estudiantes, así como fomentar su interés por el gusto estético.

1.1. y **1.1.1.** Cuestionario para discutir acerca de sus gustos por la lectura. El hecho de que tengan que descubrir al final quién es la persona más lectora de la clase y otorgarle un premio, aporta sentido, motivación y significatividad a la actividad. El cuestionario lo pueden realizar en parejas, tríos o de pie, y la puesta en común, en grupo clase, servirá para decidir a quién darán el diploma.

Ficha 21. ***Diploma a la persona más aficionada a la lectura de la clase.***

1.2. Actividad de comprensión lectora. Antes de leer el poema, pregunte a sus alumnos si conocen a Pablo Neruda y qué saben de él. Hábleles de su fama. La declamación en voz alta de este poema inmortal servirá para trabajar la pronunciación y prosodia. Organice a los estudiantes para ensayar por grupos su fragmento ayudándoles en todo lo relativo a fonética y entonación antes de hacer la declamación definitiva. Para esta, coloque a los alumnos sentados en semicírculo: cuando les llega su turno de leer en alto, el grupo se pondrá de pie. Al final, corrija lo que considere necesario y anímelos a hablar sobre los versos que más les han gustado y a justificar su elección.

1.2.1. Lectura de poemas de algunos artistas representativos de la poesía española de la segunda mitad del siglo XX. Explique a sus estudiantes que, a pesar de que en los libros aparece con más frecuencia la poesía de primera mitad del siglo (Lorca, Machado, Generación del 27, etc.), en la segunda mitad ha habido movimientos literarios interesantísimos (profundizarán en ellos en la siguiente actividad) y que van a leer tres poemas de tres representantes de estos. Organice la clase en parejas para que hagan la tarea en cooperación. Resuelva los problemas de vocabulario al final, brindando siempre la posibilidad de que, si algún estudiante conociera su significado, sea él quien se lo explique al resto de compañeros. Corrija finalmente la actividad, pongan en común los títulos inventados por los grupos y compárenlos con los originales.

1. La caída; **a.** cada dos milenios; **b.** Sé paciente, con mi corazón; **2.** A la inmensa mayoría; **c.** comprendió: y rompió todos sus versos; **d.** ¡Aquí! ¡Llegad! ¡Ay! Ángeles atroces; **3.** Blancanieves se despide de los siete enanos; **e.** el viento agita raídos cortinajes; **f.** Pañuelos que se pierden en el horizonte.

1.2.2. Actividad opcional de comprensión lectora para conocer algo más de los movimientos poéticos de segunda mitad del siglo XX. Le animamos a realizarla si su grupo de estudiantes muestra interés por profundizar en la literatura española. Recorte los textos de la ficha 22 y colóquelos pegados por las paredes de la clase. Invite a los alumnos a ponerse de pie para leer e ir completando el cuadro con la información de los mismos. Permita que comparen sus esquemas al final.

Ficha 22. ***Algunos momentos en la historia de la poesía de segunda mitad del siglo XX.***

1.3. Presentación de sinónimos de la palabra "nostalgia". El objetivo de la actividad es ampliar la competencia léxica y fomentar la sensibilidad de los aprendices por las colocaciones léxicas. Las diferencias de uso entre una u otra palabra son muy sutiles como podrán apreciar y, en muchos casos, pueden combinarse sin problema.

1. evocación; **2.** recuerdo; **3.** rememorando; **4.** melancolía / nostalgia; **5.** nostalgia; **6.** añoranza / evocamos; **7.** meditación.

1.3.1. Lectura y recital de micropoemas. Este género literario está cargado de una gran fuerza expresiva. *La poesía es un arma cargada de futuro* es el conocido título de un poema del escritor vasco Gabriel Celaya. La micropoetisa madrileña Ajo, aprovecha este verso para crear uno de sus micropoemas. Explique a sus estudiantes que los lean rápidamente y que memoricen uno. Colóquelos en dos filas: el primer miembro de cada fila debe dictar al oído, y en voz baja, rápidamente, su micropoema al compañero de al lado y este al siguiente, y así hasta acabar la ronda. El último estudiante de la fila que ha recibido el texto oral lo escribe en la pizarra. Lo normal es que lo que escriba sea algo ya muy distorsionado. Al final, lo compararán con el texto original (técnica del teléfono roto o escacharrado que probablemente ya conozca).

Después, deje tiempo a sus alumnos para leer el resto de micropoemas con calma, para comentar lo que les sugieren y para hablar del que más les haya gustado.

1.4. Comprensión auditiva en la que los estudiantes escucharán dos poemas. Explíqueles que sus autores son dos grandes figuras de la poesía hispana. La tarea: dibujar todo aquello que les vaya evocando el audio, les concentra en la parte creativa del lenguaje y les relaja de la carga lingüística que habitualmente acompaña la clase de español. Al mismo tiempo, atiende a estilos de aprendizaje más creativos de muchos de nuestros estudiantes.

Claudio Rodríguez fue un poeta español (Zamora 1934 - Madrid 1999). Antes de cumplir los veinte años, en 1953, obtuvo el premio «Adonais», al que siguieron luego el premio «Nacional de la Crítica», el «Nacional de Literatura y el de Poesía» y el «Príncipe Asturias de las Letras» entre otros. En 1987 fue elegido miembro de la Real Academia Española de la Lengua.

Octavio Paz fue un destacado escritor y diplomático nacido durante la Revolución en Ciudad de México el 31 de marzo de 1914, y fallecido en la misma ciudad el 19 de abril de 1998. Su obra, influenciada desde temprano por poetas europeos de la talla de Juan Ramón Jiménez y Antonio Machado, comprende tanto denuncias de carácter social como análisis de naturaleza existencial. Entre sus poemarios destacan *Libertad bajo palabra* y *Salamandra*.

1.4.1. Presentación de léxico: adjetivos con valor superlativo para ampliar su competencia léxica y favorecer una mayor riqueza expresiva en las composiciones escritas que realizarán a lo largo de la unidad. Se trabaja al mismo tiempo la competencia colocacional al hacer consciente al aprendiz de las redes asociativas que unen a algunos de estos adjetivos con otras categorías de palabras: *comida suculenta, viento huracanado, lluvia torrencial,* etc.

1. g; **2.** b; **3.** j; **4.** d; **5.** e; **6.** i; **7.** a; **8.** f; **9.** h; **10.** c.

1.5. Comprensión auditiva donde se escuchará la versión de este poema por Paco Ibáñez, célebre cantautor español en los años 70 que fue coreada en infinitas reuniones y conciertos de la época de la transición española. La canción de este autor está disponible en *YouTube*, ya que aquí hemos incorporado una versión. Con esta tarea, se pretende un acercamiento relajado al texto. Escriba las palabras sugeridas en la pizarra y explique a los alumnos que van a escuchar este celebérrimo poema y que deberán ponerse de pie cada vez que escuchen las palabras indicadas.

1.5.1. Actividad de expresión escrita que desarrolla el aspecto lúdico y creativo en el aula. Divida la clase en dos grupos y deje tiempo para que completen sus estrofas correspondientes y el estribillo. Pásese por los grupos corrigiendo y ayudando. Una vez finalizado, déles tiempo para decidir con qué tipo de música van a cantar su versión y para ensayarlo. Cuando estén preparados, comenzará el concurso de canciones. Si cuenta con Internet en el aula, ponga música del estilo elegido por cada grupo para arrancar el recital.

2 De novela

En este epígrafe se ofrece una breve panorámica de la novela en lengua española de la segunda mitad del siglo XX a la vez que se aprovecha para presentar las oraciones de relativo y el funcionamiento de la tilde y de la coma acorde a los contenidos programados para un estudiante de nivel B2.

2.1. Actividad de contextualización y motivación para introducir información sobre novelas y escritores relevantes del panorama narrativo hispano de la segunda mitad del siglo XX. El hecho de que los alumnos imaginen los argumentos a partir de las portadas está despertando su curiosidad y activando conocimientos previos sobre el tema. Antes de lanzarles a hablar, pregunte a sus estudiantes si conocen algún autor de narrativa hispana o si han leído algún libro, etc.

2.1.1. Comprensión lectora para conocer los argumentos de las novelas anteriores. Antes de que empiecen a leer, pregunte si conocen las siguientes palabras y preenséñelas: estirpe, levitación, premonición, iconoclasta, ruindad e impunidad. Brinde la oportunidad a los estudiantes de explicar las palabras al resto de la clase en caso de que alguien conozca su significado.

2.1.2. Actividad de reflexión en la que se busca la inferencia de reglas por parte del alumno. Dirija la atención del alumnado sobre las palabras resaltadas en los textos y pregunte a qué categoría gramatical pertenecen: son relativos. Organice la clase en parejas para que juntos completen los ejemplos del cuadro que extraerán de los textos anteriores (son los modelos de lengua) sin intervenir mientras ellos reflexionan. Pásese por detrás de los alumnos para verificar que lo van completando correctamente y aproveche para ayudar a los estudiantes que tengan mayor dificultad en ello.

2.1.3. Práctica de lenguaje formal de los relativos para ayudar a mecanizar su uso. Divida la clase en dos grupos: deberán completar el hueco con un relativo y pensar en la respuesta correcta. Después, se harán las preguntas un grupo a otro y ganará el que mejor responda.

EQUIPO A: 1. cuyo; **2.** a quien; **3.** aquel. **EQUIPO B: 1.** cuya; **2.** donde / en el que; **3.** con lo que.

2.1.4. Práctica de léxico: adjetivos que califican el estilo de un escritor. El objetivo es enriquecer el vocabulario del estudiante de nivel B2 a la hora de hacer una valoración sobre el estilo de un texto. Deje unos minutos para que los alumnos completen las columnas y corríjalo en la pizarra permitiendo a dos estudiantes salir a escribir la solución.

Adjetivos con connotación positiva: ágil, brillante, claro, conciso, directo, elegante, sencillo, sobrio, sublime, fluido, preciso, puro.

Adjetivos con connotación negativa: hueco, académico, afectado, amanerado, ampuloso, barroco, grandilocuente, monótono, retorcido, efectista.

2.2. y **2.2.1.** Lectura de un cuento literario del escritor uruguayo Eduardo Galeano que nos sirve de excusa para trabajar las tildes y la coma y hacer al estudiante consciente de la necesidad del conocimiento de las reglas de acentuación. Para motivarlo, presente el título del texto y deje que en parejas o tríos hablen sobre sus abuelos. Luego, explique la tarea que tendrán que realizar individualmente para, posteriormente, compararlo en parejas antes de proyectar el texto de la ficha 23 que servirá para hacer la corrección definitiva. Resuelva las dudas pertinentes. A continuación le presentamos la información que ofrece el *Plan Curricular* del Instituto Cervantes sobre el uso de la coma y que deberían conocer los estudiantes en el nivel B1 y B2.

B1 • LA COMA

- Significado de la coma en la estructuración del discurso: separación de componentes de un enunciado.
- Ausencia de coma en las oraciones relativas especificativas: *La novela que estoy leyendo me gusta mucho. / La novela, que estoy leyendo en el metro, me gusta mucho.*
- Vocativos en posición intermedia:
  - *Jaime dijo: «Oye, María, yo creo que [.]».*
- Fechas en cartas y documentos, con mención de lugar: *Lima, 15 de diciembre de 1964.*
- Incisos en el enunciado:
  - Aposición explicativa: *Juan, mi hermano, vendrá mañana a cenar con nosotros.*
  - Delante de coordinadas adversativas y distributivas: *Fui a la playa, aunque no hacía mucho calor. / Uno dice sí, otro dice no.*

B2 • LA COMA

- Incisos en el enunciado
  - Mención al enunciador: *Ganar, dice Carlos, es posible.*
  - Aclaraciones: *Tiene buen equipo, es decir, muchas posibilidades de ganar.*
  - Comentarios: *Hoy en día, como todo el mundo sabe,...*
  - Detrás de adverbios y locuciones adverbiales como modificadores oracionales: *Vino y, entonces,... / Evidentemente, la película empezó a las siete.*
- Enumeraciones con verbo elidido: *El salón es grande; las habitaciones, pequeñas.*
- Incisos en el enunciado:
  - Relativas explicativas: *La profesora, que es mexicana, es muy buena.*
- Anteposiciones de apellidos: *De Cervantes, Miguel.*

Ficha 23. *Texto Eduardo Galeano.*

Eduardo Galeano (Montevideo, 1940) es un periodista y escritor uruguayo, ganador del premio Stig Dagerman. Está considerado como uno de los más destacados escritores de la literatura latinoamericana. Sus libros más conocidos, *Memoria del fuego* (1986) y *Las venas abiertas de América Latina* (1971), han sido traducidos a veinte idiomas. Sus trabajos trascienden géneros ortodoxos, combinando documental, ficción, periodismo, análisis político e historia.

2.2.2. Actividad para profundizar en el empleo de las tildes. Forme grupos de cuatro personas y dé un tiempo para que piensen en las respuestas antes de ponerlo en común con el resto de la clase. Recuerde al final las reglas de acentuación generales de las palabras agudas, llanas y esdrújulas, así como de monosílabos y demostrativos (recuerde las nuevas reglas ortográficas según las cuales ya no llevan tilde los demostrativos excepto en caso de posible ambigüedad en la interpretación de la frase) activando siempre el conocimiento previo de sus alumnos.

1. F, son las llanas; **2.** F; **3.** V; **4.** V; **5.** F; **6.** V; **7.** F; **8.** V; **9.** V; **10.** F, siguen la regla general.

2.2.3. Actividad de léxico para fomentar estrategias de aprendizaje de los estudiantes acudiendo a su capacidad para descubrir significados por el contexto. Permita que los alumnos escriban las posibles definiciones y que lo corrijan posteriormente comparando sus respuestas con las del resto de parejas. Recuerde el significado de *ser un/a pelagatos*: persona socialmente insignificante, sin posición económica. *Montar en pelo*: sospechamos que es una expresión uruguaya cuyo significado no aparece en el *Diccionario de americanismos* y que no hemos sido capaces de verificar.

2.2.4. Actividad opcional que recomendamos realizar si su grupo de estudiantes es aficionado a las teatralizaciones. Una actividad de este tipo necesitará al menos, media hora para su preparación, realización y posterior corrección. En cuanto a esta, corrija en primer lugar los textos que escriban antes de pasar a la representación. Durante ella, tome nota de los errores cometidos por *los actores* para hacer una corrección al final de la actividad. Brinde siempre a los alumnos la oportunidad de corregir los errores cometidos antes de dar usted la solución en caso de que nadie supiera dar con ella.

Actividad extra. Para grupos de estudiantes jóvenes puede resultar motivador escuchar la canción del grupo Che Sudaka sobre *El Libro de los abrazos* de Eduardo Galeano que encontrará en *YouTube*.

2.3. Actividad comunicativa de la lengua para desarrollar la interacción oral y la capacidad de defender sus opiniones y verbalizar con coherencia y cohesión sus puntos de vista sobre temas de mayor profundidad. Deje unos minutos para tomar notas a cada alumno antes de formar los grupos de discusión.

Javier Marías (Madrid, 1951) es uno de los escritores españoles contemporáneos más aclamados por la crítica. Columnista del suplemento dominical del diario español *El País,* es famoso por sus ácidas opiniones sobre la actualidad. Autor de, entre otras, *Todas las almas, Corazón tan blanco* y *Mañana en la batalla piensa en mí*. Ha obtenido prestigiosos galardones internacionales y ha rechazado algunos otros.

2.4. y **2.4.1.** Actividad para trabajar la expresión escrita y la comprensión auditiva. Motive la actividad introduciendo el tema de los microrrelatos: *¿Sabéis lo que son? ¿Habéis leído alguno alguna vez? ¿Qué extensión creéis que tienen?* Explique que el libro les ofrece el principio de tres microrrelatos de tres grandes figuras de la literatura hispana (Augusto Monterroso, José Luis Borges y Max Aub). Forme tríos para que, juntos, escriban un microrrelato con el principio dado que leerán posteriormente al resto de los compañeros. Para finalizar, ponga el audio donde escucharán los relatos originales: deberán prestar atención para compararlo después con sus escritos.

2.5. y **2.5.1.** La noticia sirve de motivación para hablar de las lecturas que han marcado sus vidas. Se puede contextualizar hablando de cómo las humanidades han perdido presencia en muchos programas educativos y repasando la realidad del tema en sus países. A continuación, invite a leer el texto a los alumnos para ver si a ellos también podría pasarles lo mismo y luego, ejemplifique dando el título de algún libro que le haya marcado a usted: fomente que los estudiantes le hagan preguntas sobre ello. Después, invítelos a pensar en tres libros que recuerden con especial cariño. Si no son muy lectores, diles que recuerden cuentos de la infancia o algún cómic. Un estudiante puede salir a la pizarra a anotar los que van diciendo los compañeros, y al final, se descubrirá si hay alguno repetido.

3 De cine

Presentamos en este epígrafe una breve panorámica del cine español e hispanoamericano contemporáneo, de alguno de sus protagonistas y de algunas afamadas películas con el fin de ampliar la visión sobre el tema de los estudiantes. Al mismo tiempo se busca provocar su interés para asomarse al mundo de la ficción fuera de la clase, lo que les llevará a seguir profundizando en el conocimiento de la lengua y cultura del español. Puede motivar el nuevo epígrafe con un juego de adivinar películas a través de mímica: a los alumnos les suele resultar muy interesante la traducción de los títulos de las películas en castellano.

3.1. Presentación de léxico relacionado con el cine con un dominó. Divida la clase en grupos de 4 o 5 y haga tantas copias de la ficha 24 como grupos tenga. Recorte las fichas y repártalas a los alumnos que deberán ir poniendo una cuando les llegue su turno: si no pueden, dicen "paso" y ceden el turno a la persona que puede continuar por la derecha. Gana el estudiante de cada grupo que antes se quede sin fichas.

Ficha 24. ***Dominó vocabulario de cine.***

3.2. Cuestionario para descubrir los gustos sobre cine de los compañeros de la clase. Intente que cada persona aventure el nombre de algún compañero que piensen que cumple los requisitos de la pregunta. Después invítelos a levantarse para preguntar a dichos compañeros y descubrir si sus hipótesis eran ciertas. Al final, sentados de nuevo, ponen en común en grupo clase la información obtenida.

3.3. Actividad para fomentar el interés por el cine contemporáneo hispano. Si alguno de sus estudiantes ha visto alguna de las películas de los carteles anime a los demás a hacerle preguntas sobre ella. También puede ejemplificar la actividad expresando su opinión sobre cuál de esas películas le gustaría ver y justificando la elección para que luego en parejas sus alumnos hagan lo mismo.

3.3.1 y **3.3.2** Comprensión lectora y expresión escrita sobre famosas películas hispanas. Reparta un texto de la ficha 25 a cada estudiante (si hay más de seis, pueden compartir un mismo texto entre dos o tres) para que completen el cuadro de información de la película que les ha tocado. Posteriormente deben preguntar a sus compañeros la información sobre el resto de las películas. Son todas películas que tuvieron gran éxito de crítica y público.

Ficha 25 (A y B). ***Ficha técnica de películas.***

3.4 y **3.4.1** Actividad de reflexión sobre el uso del gerundio tratado ya en otra Etapa. Es importante, en un principio, activar los conocimientos sobre el uso de esta forma verbal que tienen sus alumnos para, en un segundo momento, darles el cuadro de reflexión que deberán completar en parejas con la información de la ficha 26 que colocará por las paredes de la clase recortada. Los ejemplos del cuadro de reflexión deberán ser completados con dicha información, no deben inventarlos los alumnos (podría ser difícil).

Ficha 26. ***El gerundio. Normas de uso.***

1. posterioridad; **2.** El gerundio expresa el modo en el que se hace la acción principal.

3.5. Actividad para dar a conocer personajes relevantes del mundo del cine hispano. Es muy probable que sus estudiantes solo hayan oído hablar de Penélope Cruz. Reparta la información de las biografías de la ficha 27 entre sus alumnos para facilitar la realización de la actividad. Deje unos minutos para que piensen a qué personaje pertenece la información y si lo desconocen, invite a que se pregunten entre ellos: *¿Alguien sabe quién participó en concursos para pagar sus pelis?*, etc. Para motivar la actividad, le recomendamos que ponga cualquier fragmento muy corto de una película donde salga alguno de estos personajes (encontrará en muchas películas de Almodóvar a Chus Lampreave, interpretando diálogos brillantes y muy divertidos).

Ficha 27 (A, B y C). ***Biografía de famosos del cine hispano.***

a. Ricardo Darín: 8, 14; **b. Penélope Cruz:** 4, 5, 13; **c. Luis Tosar:** 2, 10; **d. Chus Lampreave:** 1, 6, 9; **e. Isabel Coixet:** 3, 11, 12; **f. Santiago Segura:** 7, 15.

3.5.1. Actividad opcional que pueden realizar los aprendices consultando Internet. Podría dejarla como deberes para casa y comenzar la siguiente clase poniendo en común la información recogida por los alumnos mientras los demás intentan adivinar de qué famoso se trata.

3.5.2. Concurso sobre cine. Permita que los alumnos saquen sus móviles, i-Pads, portátiles o que vayan a algún lugar del centro para que, durante 10 minutos, consulten la información en grupos que les permita responder correctamente a las preguntas y para que completen las tres preguntas finales. Antes de empezar el concurso, pueden pensar en un nombre relacionado con el mundo del cine para el grupo (ej. Los Vengadores, Misión Posible...). Se irán puntuando las respuestas correctas: el grupo más cinéfilo será aquel que haya consultado menos información en Internet.

1. Wong Kar-Wai (*In the mood of love*); **2.** Woody Allen; **3.** Los hermanos Lumiére; **4.** Francis Ford Coppola; **5.** Helena Bonham Carter; **6.** Que se suicidó o que fue asesinada por la CIA; **7.** *The artist.*

4 Para terminar

En este último epígrafe, como en el resto de las unidades anteriores, los estudiantes se enfrentarán a la escritura de una nueva tipología textual: los textos narrativos y literarios.

4.1. y 4.1.1. Explique a sus estudiantes en la pizarra los tres tipos de texto que van a realizar para que puedan elegir cuál es de su interés. Forme entonces tres grupos, reparta las pautas para la elaboración del texto correspondiente y resuelva las dudas que tengan. Dé tiempo para la elaboración de los textos: primero, promueva que se escriba una versión que será el borrador y sobre el cual, usted irá señalando los errores para que los alumnos puedan corregirlos sin su intervención directa. Una vez corregidos, reparta una cartulina de colores a cada grupo para que escriban la versión en limpio, con título y algún dibujo ilustrativo. Anime a participar a todos los estudiantes y evite que sea uno de ellos quien acapare todo el trabajo: unos pasan a limpio, otros dibujan, otros ponen el título...

El chileno **Vicente Huidobro**, fundador del *Creacionismo* y auténtico impulsor del Vanguardismo en Hispanoamérica, fue un incansable defensor de sus ideas poéticas. El uso de un lenguaje que rompe el lazo de la unión entre lo lógico y lo real y el inusitado empleo de continuas e insólitas imágenes tiene su culminación en *Altazor*, largo poema en siete cantos que publicó en 1931, y en el que el juego verbal, el humor y la piruetea burlona no ocultan una trágica y desolada visión del mundo.

Rafael Sánchez Ferlosio (Roma, 1927) es un escritor español –novelista, ensayista, gramático y lingüista– perteneciente a la denominada generación de los años 50 *–los niños de la guerra–*, premio Cervantes 2004 y Nacional de las Letras 2009. Su fama la debe principalmente a sus novelas *El Jarama* e *Industrias y andanzas de Alfanhuí*.

4.1.2. Presentación de las composiciones al resto de la clase. En grupo, juntos, ensayan sus escritos para presentarlos delante de los demás. Después, prepare un rincón en el aula o en los pasillos de la escuela para exponer los trabajos realizados.

Unidad 7

Vidas alternativas

En estas últimas unidades se hace alusión a las diferentes capacidades que debe manejar el alumno para ser competente desde el punto de vista comunicativo. El epígrafe final de las unidades 7 a 9 hace hincapié en el trabajo de la competencia lingüística, así se introducen diferentes contenidos gramaticales que pueden ser útiles para un estudiante de este nivel. La unidad 10 termina con una propuesta de la evaluación de las diferentes competencias.

En esta unidad se habla sobre las características de los siglos XX y XXI. El contenido gramatical que se ha elegido para el epígrafe *Para terminar* son los significados de la conjunción adverbial *como*.

1 Bajarse del mundo

Bajo el título del epígrafe se introduce el tema que da cohesión a toda la unidad: tipo y estilo de vida en los siglos XX y XXI. Los contenidos lingüísticos que se trabajan son algunos conectores adverbiales.

1.1. Introduzca el tema de la secuencia con la frase que aparece en la imagen. Motive al alumno preguntándole por su significado y las razones por las que alguien puede haberla escrito. Aproveche las respuestas de sus estudiantes para transitar a la siguiente actividad.

La frase hace referencia a un personaje muy conocido en el cómic hispano: Mafalda. El creador de esta tira cómica es el argentino Joaquín Salvador Lavado Tejón, más conocido como Quino. Mafalda es una niña inteligente e ingeniosa que se muestra preocupada por la humanidad y la paz mundial, y se rebela contra el mundo legado por sus mayores.

1.2. Pida a los alumnos que lean las estrofas de la canción de Ketama titulada "Que paren el mundo", animándoles a que, en parejas, la completen a partir de las pistas que se les da. Puede que tengan más problemas para descubrir *apuro* y *desvarío*. Anímeles a que usen el diccionario, si lo necesitan.

1. prisa; **2.** moda; **3.** poder; **4.** apuro; **5.** desvarío; **6.** pensar.

1.2.1. Actividad opcional. Si tiene medios para ello, puede corregir la actividad anterior pidiendo a los alumnos que escuchen la canción. Puede encontrarla en *Youtube*, buscando el nombre del grupo y el título de la canción.

Ketama fue un grupo musical español de flamenco-fusión. Representó, hasta su disolución en 2004, uno de los grupos más destacados del denominado "Nuevo flamenco".

Letra de la canción: "Que paren el mundo"

Y todo cambia y todo es tan urgente,
la moda, el alquiler, los juegos del poder,
yo sigo aquí con la misma camisa, ya lo ves.
Buscando como buscan los cantores
el guiño que no está en la partitura,
un poco de calor, la sombra de tu amor.
Mi mano detenida en tu cintura y ahora bien.

No perdí las ganas de cambiar
ni aún el gusto de cortar por un camino nuevo,
yo ya no me fío de tanto fin de siglo.

Dónde irá a parar, dónde irá a parar,
quiero bajar, paren el mundo,
dónde irá a parar, dónde irá a parar,
con tanto apuro y desvarío
a veces no hay tiempo para pensar.

Dónde irá a parar, dónde irá a parar
en la era de la prisa
dónde irá a parar, dónde irá a parar,
vivimos en la era de la prisa,
yo voy con la misma camisa,
me quiero bajar, tanto apuro hacia ningún lugar.

Y todo pasa pero nada queda
en la epidemia de la tontería
yo quiero meditar, sentarme en un lugar,
cumplir lo que tu boca prometía,
y te diré que no me importa
yo ya estoy jugado,
no quiero ganar ninguna carrera,
y a dónde voy a ir, si puedo aquí seguir
en la gloria bendita si me deja

Que no perdí las ganas de salir,
ni aún el gusto de vibrar por un acorde nuevo
pero si es hablar prefiero hablar sincero.

Dónde irá a parar, dónde irá a parar,
quiero bajar, paren el mundo.

1.2.2. Si han escuchado la canción, póngala de nuevo y pídales que identifiquen la frase que se refiere al siglo XX; en caso contrario, cópiela en la pizarra: "Yo ya no me fío de tanto fin de siglo" para introducir la actividad. Pida a los alumnos que lean el párrafo que resume las características del siglo XX y anímelos a que en pequeños grupos completen el cuadro con los acontecimientos o hechos que conozcan. Ponga, ayudado por ellos, algunos ejemplos.

1.2.3. Para completar la actividad anterior e introducir parte del léxico objetivo de la unidad, divida a la clase en grupos, haga fotocopias de la ficha 28 y recorte las tarjetas. Entregue un juego a cada equipo y pídales que las lean, pregunten lo que no comprendan y la coloquen en el espacio correspondiente del cuadro anterior. Una la corrección o puesta en común de este ejercicio con la actividad siguiente.

Avances tecnológicos y científicos: 7, 11, 12, 17, 29, 30, 31; **Avance en medicina:** 14, 23, 32; **Atrocidades humanas y desastres naturales:** 1, 5, 6, 8, 9, 13, 16, 19, 22; **Acontecimientos políticos y sociales:** 2, 3, 4, 10, 15, 18, 20, 21, 24, 25, 26, 27, 28, 33, 34.

Ficha 28. ***Características del siglo XX.***

1.2.4. Aproveche la puesta en común o corrección de la actividad anterior para hacer una pequeña interacción oral.

1.3. Con esta actividad de vacío de información se inicia una secuencia para presentar, y comparar, algunos nexos adverbiales. Introdúzcala con una lluvia de ideas. A partir de las características del siglo XX, pregúnteles sobre las de este siglo. A continuación, divida a la clase en parejas (A y B), pídales que primero, individualmente, cada uno mire el texto que le ha correspondido y trate de completarlo. Anímelos a que si no saben la respuesta, se aventuren. Los textos ofrecen los modelos de lengua de algunos de los conectores que se analizarán posteriormente.

1.3.1. Ponga ahora a los estudiantes en parejas y explíqueles que pidan la información que les falta a su compañero.

1.3.2. La comprensión auditiva ofrece modelos con nuevos conectores para posteriormente compararlos con los que están en la actividad anterior. Esta primera escucha es de comprensión: se trata de relacionar temáticamente los párrafos que van a escuchar con los que acaban de leer. Para facilitar a los alumnos la actividad, dichos textos se ofrecen en la ficha 29 y se recomienda la siguiente dinámica. Ponga a los alumnos en parejas, fotocopie la ficha y recorte las tarjetas. Reparta un juego a cada una. Pídales que coloquen las fichas en el mismo orden en que escuchan el texto con el que lo relacionan para después completar el cuadro del libro. Haga el primer ejemplo con ellos (el primer párrafo de la audición reseñada con la letra a, se relaciona con el texto 4). Adviértales que en este momento no deben prestar atención a las partes resaltadas.

Ficha 29. *Características del siglo XXI.*

a. Texto 4; **b.** Texto 2; **c.** Texto 1; **d.** Texto 3; **e.** Texto 5.

1.3.3. Ponga de nuevo la audición para que completen con los conectores que se quieren presentar.

1. tan profunda que; **2.** tales como; **3.** conforme; **4.** más que; **5.** tan grande que; **6.** tal y como.

1.3.4. Recomiende a los alumnos que vuelvan a emparejar las tarjetas de la ficha 29 con los párrafos de la audición para poder comparar los conectores. La relación era la siguiente: a. Texto 4; b. Texto 2; c. Texto 1; d. Texto 3; e. Texto 5. Pídales que lean el cuadro explicativo sobre los diferentes tipos de oraciones adverbiales y que lo completen con las partes resaltadas de los textos de la ficha y de los de la audición. Adviértales que solo deben fijarse en lo que está resaltado.

Una vez que haya corregido la actividad, vuelva a los conectores que no se han recogido para analizar su significado con ellos. Dependiendo de su grupo, decida si necesita ampliar la información que le proponemos en el cuadro posterior.

Modales: 1. conforme al calendario gregoriano; **2.** tal y como aparece en el enlace que lleva a la web. **Comparativas: 3.** interconectan a personas más de lo que sus creadores pudieron imaginar; **4.** fenómenos tan importantes como los anteriores; **5.** provocó un desánimo tan grande que se pensó que... **Consecutivas: 6.** un avance y digitalización tal que a esta época se la conoce como la era de la información; **7.** de alcance global y de tal envergadura que continúa hasta nuestros días; **8.** promete revolucionar el futuro de una manera tan profunda que algunos han comenzado...

Texto b: [...] *si bien no pueden desvincularse de ella problemas tales como la falta de veracidad, la autenticidad de las fuentes* [...]. Se trata de una enumeración introducida por el conector *tales como*.

Texto c: *Este error se va acumulado conforme van pasando los años* [...]. En este caso el conector *conforme* introduce una oración temporal.

Texto d: *Es evidente que otra comunicación es más que posible.* La expresión *más que* tiene valor modal.

1.4. Con esta última secuencia del epígrafe se trabajan las destrezas lingüísticas. Si tiene la posibilidad, introduzca la actividad con la imagen de los músicos Joaquín Sabina y María Jiménez. Puede hablar brevemente del tipo de música que hace Sabina, y, sobre todo, de las letras de sus composiciones. Explíqueles que se caracteriza por escribir sobre historias cercanas y actuales. Dirija la atención al título de la canción y motíveles para que traten de explicar el significado. Pregúnteles sobre el tipo de noticias que pueden provocar un eclipse de mar, metafóricamente hablando. A continuación, anímelos a que continúen haciendo la actividad en grupos pequeños. Al final haga una puesta en común y, como seguramente tendrán curiosidad por saber algo más sobre la letra de la canción, pase al siguiente ejercicio.

1.4.1. **Actividad opcional:** recorte las estrofas de la canción de la ficha 30 y cuélguelas por las paredes de la clase y pídales que busquen las palabras coloquiales-jergales a las que se refiere el ejercicio. En la corrección, pueden hablar sobre el mensaje negativo de la letra y comentar algunos de los versos. Si puede y lo cree conveniente, busque la canción en Internet y póngasela a sus alumnos.

Ficha 30. ***Eclipse de mar.***

a. pillar; **b.** movidas; **c.** pasote; **d.** pelas.

1.4.2. Haga esta actividad si su grupo muestra interés en este tipo de lenguaje.
1. c; **2.** d; **3.** g; **4.** a; **5.** f; **6.** b; **7.** e.

1.4.3. **Actividad opcional:** ponga a los alumnos en pequeños grupos para hacer la actividad.

1.5. Termine el epígrafe con esta actividad de personalización. Deje que individualmente piensen y escriban o tomen nota de lo que quieren hablar. Permítales que se tomen el tiempo que necesiten.

1.5.1. Ponga a los alumnos en parejas y anímelos a que lleven a cabo esta interacción oral.

2 Otro mundo es posible

En este epígrafe se presentan algunas perífrasis de participio. El tema que vertebra las actividades es el que refleja su título, cogido de los movimientos antiglobalización, uno de los hechos sociales más relevantes de este siglo: opiniones, ejemplos, reflexiones sobre un mundo alternativo al que se ha hablado en la primera parte.

2.1. y **2.1.1.** Motive la actividad con el eslogan y anime a los estudiantes a que anticipen los temas del texto que van a leer. Pídales que lo lean y que pregunten o busquen en el diccionario lo que no entiendan. Haga una interacción oral sobre el contenido. Pregúnteles si se trata de un mensaje ingenuo, idealista o posible. Anímelos a que argumenten sus respuestas. Aproveche para hacerles la pregunta de la actividad 2.1.1., ya que la opción por el uso de la primera condicional transmite más optimismo y seguridad.

2.2. El texto anterior sirve para introducir esta actividad. Anime a los alumnos a que completen el esquema con otras ideas.

2.3. La actividad introduce el resto de tareas de la secuencia en las que vamos a ver ejemplos de personas que han decidido dejarlo todo y cambiar su vida. Cree el interés de los alumnos a partir de la frase de la imagen. Cuando lo crea conveniente, presente las imágenes de las personas que decidieron cambiar su vida en la siguiente actividad.

2.3.1. Actividad de interacción oral que sirve de motivación y que involucra a los alumnos con sus opiniones e imaginación.

2.3.2. Actividad de comprensión lectora. Pida a los estudiantes que comprueben sus hipótesis y que contesten a las preguntas. Antes de corregir la actividad, deje que los alumnos en parejas compartan sus respuestas.

Posibles respuestas: **1. a.** Expresión que utilizamos para expresar que no estamos dispuestos a soportar la situación y que estamos decididos a cambiarla; **b.** Empezar de nuevo; **c.** Hacer cambios en la vida de una persona; **2.** Respuesta abierta.

2.3.3. y **2.3.4.** Contextualice la actividad explicando a los alumnos que van a escuchar el reportaje sobre Isabel, Miguel y Clara contando por qué quisieron cambiar su vida. Pídales que completen las frases, para posteriormente compararlas con sus respuestas anteriores y que se fijen en las expresiones del ejercicio 2: anímelos a que traten de deducir su significado. Puede que tengan problemas con la palabra *monja de clausura*, esté preparado para solucionarlo en el caso que detecte que tienen problemas, pero no lo preenseñe, ya que se perdería el interés de la tarea. Deje que los estudiantes se autocorrijan con el texto transcrito del reportaje de la actividad 2.3.4.

1. Isabel, una médica endocrinóloga de 43 años, dejó su hospital para ingresar en un monasterio como monja de clausura. A los 47 años, Miguel dejó su restaurante en una gran ciudad para reconstruir casas en un pueblo abandonado. Clara era juez y fiscal y ahora es bailarina y profesora de danza; **2. a.** Que no se sentían a gusto con sus vidas, con lo que hacían; **b.** Cerrado por cansancio; **c.** Tomar una decisión precipitada o actuar de modo irreflexivo; **d.** Que acaban de convertirse en nuevos aldeanos; **e.** Formas de cambiar de vida.

2.4. Secuencia que utilizaremos para introducir las perífrasis de participio. Presente a otra pareja, Xavi y Carme, que también decidieron cambiar su vida, y de la misma forma que antes, involucre a los alumnos con sus opiniones. Cuando lo crea necesario, pase a la siguiente actividad.

2.4.1. Comprensión auditiva en la que aparecen los modelos de lengua a partir de los cuales se reflexionará. Contextualice explicando que van a continuar escuchando el reportaje anterior. Ponga la grabación dos veces, si lo considera necesario, y deje que los alumnos comparen sus respuestas entre cada escucha y antes de la corrección.

1. terminada nuestra anterior vida; **2.** impresionados por la cantidad de miseria y pobreza que había en el mundo; **3.** obligados a tomar una decisión, a hacer algo; **4.** libros que ya llevan escritos.

2.4.2. Pida a los alumnos que lean las explicaciones sobre el uso de algunas perífrasis de participo y anímelos a que completen las que faltan con los verbos y ejemplos extraídos de la audición.

3. Llevar, *Otra vía de financiación han sido los tres libros que llevan escritos*; **4.** Dar por, *Decidimos dar por terminada nuestra anterior vida*; **7.** Quedar, *Quedamos impresionados por la cantidad de pobreza y miseria*; **8.** Verse, *Nos vimos obligados a tomar una decisión.*

2.5. Anime a los estudiantes a que usen las perífrasis anteriores a partir de las ideas que se les ofrece. Déjeles un tiempo para que piensen, luego póngales en grupos pequeños.

2.6. Actividad de interacción oral. Involucre a los alumnos con sus experiencias y opiniones.

2.7. Termine este epígrafe hablando sobre el deseo de algunas personas de cambiar el mundo relacionado con el uso de las tecnologías. Pida a los alumnos que lean las frases, pregunten lo que no entiendan y entable en grupo clase una conversación sobre el tema.

2.7.1. Actividad opcional. Amplíe la información anterior con la lectura de este texto.
a. 3; **b.** 4; **c.** 1; **d.** 5; **e.** 2.

3 Para terminar

Epígrafe dedicado a un contenido lingüístico. En este caso, se sistematizan los usos de la conjunción *como*.

3.1. Para utilizar una dinámica más activa, las frases se ofrecen también en la ficha 31, con la opción de recortarlas para posteriormente clasificarlas en el cuadro, que el profesor puede escribir en la pizarra.

Ficha 31. *Usos de como.*

3.2. **1.** indicativo, 9, 10, 13; **2. a.** indicativo, 8; **b.** subjuntivo, 2, 4, 11; **3.** subjuntivo, **a.** 1, 6; **b.** 3, 12; **4.** indicativo, 5, 7.

3.3. y **3.3.1.** Advierta a los alumnos que deben tener cuidado también con el tiempo.
1. *fuiste*, causal; **2.** *salgas*, advertencia; **3.** *has cortado*, modal; **4.** *parezca*, modal; **5.** *dijeron*, modal; **6.** *den*, amenaza; **7.** *pone*, modal; **8.** *pongas*, advertencia; **9.** *pude*, modal; **10.** *ha sido*, comparativa.

3.4. Ponga a los alumnos en pequeños grupos para hacer la actividad.

Unidad 8

Frente al televisor

El tema que vertebra esta unidad, la televisión, es aprovechado para presentar el léxico y los aspectos lingüísticos que abundan en las emisiones televisivas: errores frecuentes, coloquialismos y diminutivos, etc.

1 Enganchados a la pantalla

En este epígrafe se hablará de la adicción a la televisión y a las redes sociales y se debatirá sobre ello. Se presta especial atención al apartado de las series televisivas y los culebrones, por ser estos dos formatos televisivos los que provocan dependencia y ansiedad porque el expectador quiere conocer la evolución de los personajes en siguientes capítulos.

1.1. y **1.1.1.** Ofrecemos un cuestionario para contextualizar el tema de la unidad y despertar su interés. Anime a sus estudiantes a completarlo con otras preguntas. Luego, haga que se pongan todos de pie para preguntarse las cuestiones y posteriormente, en grupo clase, deben decidir quién es la persona de la clase más tecnoadicta, justificando su elección.

1.1.2. Comprensión auditiva sobre la adicción a las redes sociales. Introduzca la actividad preguntando qué aspectos positivos y negativos ven en su uso, antes de poner el primer audio. Explique claramente en qué consiste la tarea para que tengan claro dónde deben dirigir su atención en la escucha. Deje que comparen sus respuestas antes de corregirlas en plenaria. Si fuera necesario, podría ponerse una segunda vez para completar la tarea.

1. El entorno del adicto; **2.** Adicciones digitales; **3.** Mujeres jóvenes e inseguras; **4.** Porque permite que los usuarios se desinhiban y cuenten cosas que no harían en persona.

1.1.3. Actividad comunicativa para desarrollar la interacción oral. Los estudiantes expresarán su opinión sobre el uso/abuso de las redes sociales. Tiene la posibilidad de convertirlo en juego de roles: la mitad de la clase a favor del uso de las nuevas tecnologías y las redes sociales, la otra mitad en contra. Deje tiempo para pensar ideas para defender las posturas respectivas antes de comenzar el debate.

1.2. Presentación de vocabulario relacionado con la televisión y las redes sociales. En caso de dudas de alguna palabra, permita que si un estudiante conoce su significado, sea él quien lo explique al resto de la clase y no usted. Así fomentará el llamado T.H.E. (tiempo de habla del estudiante).

1. noticiarios, culebrones, anuncios, telenovelas, el parte meteorológico; **2.** telespectador/a, enviado/a especial, corresponsal, presentador/a; **3.** tener mucha audiencia, dar a conocer un rumor/un dato, cambiar de canal/cadena, pasar el rato; **4.** un programa televisivo, noticia de última hora, (apto) para todos los públicos; **5.** tuitear, poner/mandar un mail/WhastApp/SMS, bajarse/descargarse una peli/un disco/un vídeo, adjuntar un archivo.

1.2.1 Práctica formal del vocabulario aprendido. Forme tríos. Coloque una silla en cada grupo de espaldas a la pizarra donde se sienta un estudiante que no puede mirar la palabra que en ella escriba usted. El resto del equipo le tiene que explicar su significado a través de definiciones o mímica. Cada grupo recibe un punto por palabra adivinada con la mayor rapidez: gana el grupo con más puntos.

1.3. Actividad comunicativa para desarrollar la comprensión lectora. Escriba en la pizarra a modo de juego del ahorcado el título de la noticia para que, una vez descubierto, empiecen las conjeturas de sus aprendices sobre el mismo: ¿De qué creen que tratará el artículo? Explique la tarea a realizar antes de leer para que la completen en parejas. Corrija al final permitiendo que sean ellos los que digan las respuestas.

a. seriéfilos; **b.** por entregas; **c.** compulsiva; **d.** abordaron; **e.** El boca a boca; **f.** atracones; **g.** desconectar; **h.** emitirse; **i.** proclive; **j.** me sabe a poco.

1.3.1. Cuestionario para desarrollar la expresión escrita e interacción orales. La primera parte, escritura de preguntas, se hará individualmente. Corríjalas mientras las están redactando. El cuestionario puede realizarlo en parejas o tríos y poner en común con el resto de la clase las conclusiones de la discusión de cada grupo. Aquí, puede tomar nota de los errores de los alumnos para no cortar el aspecto comunicativo de la actividad y hacer una corrección en la pizarra con los errores más comunes, dejando la posibilidad de autocorrección de los mismos por parte de los estudiantes.

1.4. A partir de este momento el tema de la clase se dirige hacia las telenovelas. Permita que los alumnos adivinen el asunto leyendo su definición.

1. Telenovelas o culebrones.

1.4.1. Motive la lectura sobre famosos culebrones de la historia de la televisión con la pregunta: *¿Sabéis qué medio infalible usan muchas personas de países del Este de Europa para aprender español?* La respuesta, claro está, es con este tipo de programas televisivos, que ha supuesto un verdadero *boom* para el aprendizaje de nuestro idioma.

1. c; **2.** d; **3.** b; **4.** a.

1.5. Presentación de exponentes funcionales para hablar de relaciones sociales y amorosas. Recorte el vocabulario de la ficha 32 y péguelo por las paredes de clase. Anime a ponerse de pie a sus alumnos para que vayan colocando los exponentes que lean en la columna correspondiente. Corríjalo al final en la pizarra invitando a sus aprendices a completar las columnas e ir explicando el significado de todo lo que conozcan: en última instancia será usted quien explique el vocabulario desconocido por todos. *Enrollarse* o *tener un rollo* con alguien es una expresión coloquial usada en España para hablar de una relación esporádica o temporal con alguien en la que no se establece compromiso alguno.

Ficha 32. *Léxico de relaciones amorosas y sociales.*

1. Me vuelves loco/a, me atraes, te deseo, te echo de menos, tener una amante, estar prometido/a, seducir, romper una relación, ¡cariño mío!, enrollarse con alguien (coloq.); **2.** Ser un amigo de toda la vida, conocer(se) por casualidad, hacer(se) amigos, saludar afectuosamente, hacer una visita, darse dos besos, conocerse de vista.

1.5.1. Práctica formal del lenguaje anterior para que lo memoricen y mecanicen. Reparta las tarjetas que ha pegado por las paredes en la actividad anterior a cada estudiante.

Forme un círculo con los alumnos de pie en el centro del aula: deberán hacer mímica de uno en uno para que el resto de los compañeros adivinen la expresión. Ejemplifique usted primero la dinámica haciendo mímica y preguntando de qué palabra se trata.

1.5.2. **Actividad opcional** para desarrollar la expresión escrita. Cada estudiante elegirá tres palabras individualmente y las compartirá en trío. Con las 7 u 9 palabras elegidas (podrían tener alguna repetida) deben escribir la sinopsis de un culebrón. Luego, leerán las composiciones al resto de la clase que se pondrá de pie cada vez que aparezca una de las palabras de la tabla y deberá imaginar su título. Corrija el texto durante su redacción.

2 Los *reality*, concursos y magazines

En este epígrafe se habla de famosos programas hispanos y se estudian aspectos como el lenguaje coloquial, la formación y valor de los diminutivos y las expresiones de ánimo y consuelo tan frecuentes en muchos de estos formatos televisivos.

2.1. En esta actividad se pide a los estudiantes que imaginen de qué trata cada uno de los programas atendiendo al título y al probable conocimiento que pueden tener de formatos televisivos internacionales. Puede motivar el tema hablando de *Gran Hermano*, del que la mayoría habrá oído hablar y pidiendo su opinión a los alumnos sobre este tipo de programas.

1. ***Reality***: *Gran Hermano*; **2.** ***Coaching***: *La Voz, Pesadilla en la cocina, Creciendo juntos* (Guatemala); **3. Concurso:** *Saber y ganar, Calle 7* (Chile); **4. Magazín:** *Más Gente, La Chisme* (TV latina en EE.UU.); **5. Esoterismo:** *Más allá de la vida.*

2.1.1. Actividad de comprensión auditiva en la que se hace una valoración negativa del magazín *Más Gente* y otra positiva del concurso *Saber y ganar*. Explique a sus alumnos que van a oír un audio donde se valorarán dos de esos programas y que deben tomar notas en la columna correspondiente de léxico positivo o negativo que entiendan. Permita que comparen en parejas sus resultados tras la primera escucha, y si fuera necesario, ponga de nuevo el audio. Habrá algunas palabras que no conocerán, como *relamidos y estirados, ñoñería* y *ser un soberano plomazo* (enormemente aburrido): explique su significado.

1. Connotación positiva: brillante programa, dirigido con pulso firme y magistral seriedad, divulgativo, renovarlas, una puesta en escena simple y correcta, sin golpes de efecto, programa bien hecho y cuidado, ambiente amable y alejado de la crispación; **2. Connotación negativa:** programa aburrido, sin ritmo, soso, ridículos, relamidos y estirados, cadena que no resiste un visionado completo, empalagoso, ñoñerías, auténtico y soberano plomazo.

2.1.2. Práctica formal del lenguaje anterior. Deje unos instantes para que piensen en algún programa con las características que se piden para que posteriormente hablen de ello. Ejemplifique usted con su opinión personal antes para animar a sus estudiantes.

2.2. y **2.2.1.** Comprensión lectora que incluye un montón de coloquialismos frecuentes en España. Use las viñetas para motivar el tema y deje que lean el texto para ver si están de acuerdo con lo que en él se dice. Es importante que tenga claro el significado de todas las palabras del mismo, pues los estudiantes querrán conocerlas también. Pero antes de pasar a explicarlas, anímales a realizar la actividad 2.2.1. para pensar, en parejas, el posible significado de alguna de ellas. Si no lo tienen claro, la siguiente actividad les dará la solución.

2.2.2. Actividad para conocer el significado de algunas palabras coloquiales del texto anterior. Recorte las palabras y su definición de la ficha 33 y reparta una a cada estudiante. Cada uno lee su definición y el resto de compañeros tendrá que adivinar la palabra y aprovechar para copiar su significado si no lo tuviera claro.

Ficha 33. ***Definiciones de coloquialismos.***

2.2.3. Aclare el significado de las palabras restantes del texto que interesen a sus alumnos: para evitar un exceso de información innecesaria, pues pueden ser muchas las palabras coloquiales desconocidas por todos, limite el número de vocablos que puedan preguntar (por ejemplo, solo uno o dos por estudiante). A continuación, proponga jugar al *Pictionary* para memorizar dicho vocabulario: forme dos grupos, diga una palabra al oído de un representante de cada grupo que deberá dibujarla en la pizarra para que la adivinen sus compañeros. Gana el grupo que más palabras haya adivinado. Anímelos con léxico del tipo: *¡Venga!*, *¡Ánimo!*, *¡Vamos!*, que le servirán para enlazar con la actividad posterior.

2.3. y **2.3.1.** Presentación de grupos léxicos para animar, advertir, tranquilizar y consolar. Pregunte a sus aprendientes si recuerdan qué expresiones ha estado usando usted en la actividad anterior para dar ánimo a cada equipo. Explique que van a aprender más jugando al dominó. Reparta las tarjetas que haya recortado de la ficha 34 entre sus alumnos: distribuya la clase en grupos de 4 o 5 personas, de modo que tendrá que hacer tantos juegos de fichas como grupos tenga en clase. Deben completar las expresiones: es importante que presten atención a las preposiciones y que digan en alto la expresión completa, cuando casen dos fichas, para mejorar su fluidez y pronunciación. Al terminar el dominó, cada estudiante completará la tabla de 2.3.1. con el léxico aprendido.

Ficha 34. ***Dominó de expresiones de ánimo y consuelo.***

1. Advertir: Te aviso de que no te queda mucho tiempo, Presta atención a lo que haces, ¡Ojo con el de la derecha!, No te fies de lo que te diga el equipo contrario; **2. Tranquilizar y consolar:** Seguro que todo saldrá bien, No te pongas así, Tranquilo/a, hombre/mujer, Ya verás cómo todo se arreglará, Ya está, ya ha pasado; **3. Animar:** Ánimo, que ya queda poco, No tengas miedo de equivocarte, no pasa nada, No te rindas, Tú puedes, Sigue intentándolo, No hay nada que temer.

2.3.2. **Actividad opcional** para practicar las expresiones aprendidas en el epígrafe. Anime a sus alumnos a escribir en parejas o tríos un diálogo que incluya el mayor número de expresiones aprendidas. Corrija los textos mientras van elaborándolos. Al final, los alumnos deben representarlo. Los demás deben puntuar el diálogo con más expresiones y el mejor representado (fijarse en la gesticulación y los aspectos sociolingüísticos tales como saludos, adecuación al registro y al contexto, proximidad, etc.).

2.4. Presentación de los valores del diminutivo. Puede contextualizar la actividad contando: *El otro día fui a ver la casita nueva de un amigo y ¡qué casita!, ¿cómo creéis que era?, ¿grande o pequeña?..., Pues era un casoplón.* Con ello llamará la atención sobre el valor de la derivación. A continuación, anime a comentar las viñetas por parejas y a pensar qué valor tiene cada diminutivo en ellas antes de ver la solución.

1. Recrear una atmósfera paradisíaca, expresar agrado y bienestar; **2.** Expresar cariño y afecto; **3.** Ironía (con afecto o malicia); **4.** Expresar desagrado y desaprobación; **5.** Suavizar una situación, no impacientar; **6.** Suavizar una petición.

2.4.1. y **2.4.2.** Presentación de las reglas de formación de los diminutivos. Forme grupos de cuatro estudiantes, recorte los textos de la ficha 35 y reparta uno a cada alumno. Dé tiempo suficiente para que los lean individualmente y en silencio y puedan comprenderlos y memorizar parte de su contenido. Después, anime a que se cuenten la información aprendida dentro de cada grupo y a que completen el cuadro final con lo que consideren más relevante. Es importante que no lean los textos literalmente al hablar con sus compañeros, sino que deben explicar su contenido con sus propias palabras para facilitar al resto de grupo el entenderlo.

Ficha 35 (A y B). ***Formación de diminutivos.***

2.4.3. Actividad para reflexionar sobre el cambio de significado de algunas palabras derivadas. Preséntela diciendo a sus alumnos: *¿Qué os gusta más: que os digan lindas palabras o palabrotas?* Explique la diferencia de significado entre ambas y anime a pensar en la diferencia entre el resto de pares de palabras en parejas.

1. Palabrota es una palabra malsonante; **2.** Historieta es un cómic; **3.** Redecilla es la red que se pone en la cabeza con rulos; **4.** Callejón es una calle sin salida; **5.** Camilla es usada en los hospitales para trasladar enfermos al quirófano; **6.** Guerrilla es un grupo armado que opera en la clandestinidad; **7.** El tamaño grande de la langosta y el pequeño del langostino en ambos mariscos; **8.** Salchichón es un embutido parecido al salami.

3 Informativos y noticiarios

En este epígrafe hablar del mundo de los medios informativos se aprovecha para exponer el tema de los errores sintácticos, léxicos y la pérdida de riqueza a la que se ve sometida el idioma. Los alumnos van a debatir sus opiniones sobre ello y colgarán sus conclusiones en el *Facebook* de la escuela, si hubiera, o en algún foro de lenguas.

3.1. Si a usted le gusta ver noticiarios en televisión, comience contándoselo a sus alumnos para plantear el tema del epígrafe. Después, presente la actividad 3.1. para que, en parejas, hablen sobre sus secciones preferidas en un informativo o en un periódico.

El Telediario es en España el programa informativo de mayor audiencia. El orden en el que se suceden las noticias es habitualmente: actualidad internacional o información nacional (dependiendo de la gravedad del asunto), economía, cultura, deportes y, finalmente, el parte meteorológico.

3.1.1. Actividad de comprensión lectora de titulares de noticias. Introduzca el tema hablando de la actualidad y preguntando a sus alumnos sobre las últimas noticias que hayan oído. Presente después los titulares aparecidos en la prensa española para que piensen a qué tipo de noticia hacen referencia.

Economía: 1 y 4; **Internacional:** 3 y 6; **Deportes:** 5; **Tiempo:** 7; **Otros:** 2.

3.1.2. Actividad para preparar la búsqueda de léxico de la actividad siguiente en la web del diccionario de la Real Academia de la Lengua Española (*www.rae.es*) y hacer conscientes a los aprendices de la información que aportan sus abreviaturas. Permita que completen los espacios en blanco en parejas.

conj.: conjunción; **intr.:** verbo intransitivo; **pron.:** pronombre; **s.:** sustantivo; **vulg.:** vulgar.

3.1.3. y **3.1.4.** En esta actividad los alumnos deben imaginar a qué noticia de las anteriores pertenece el léxico propuesto. Anime a que entre todos los miembros de clase se expliquen el vocabulario que conozcan unos y otros y que se repartan las palabras desconocidas para buscarlas en el diccionario y explicar su significado posteriormente al resto de compañeros. Después, deben decidir a cuál de las cuatro primeros titulares pertenecen las palabras. A continuación, ponga el audio de las dos primeras noticias para que comprueben sus hipótesis, y dé la solución del resto.

1. un almuerzo austero, inaugurar a bombo y platillo, estar en boca de medio mundo, luces y sombras; **2.** modestia y humildad, un dramático aumento, ser peor el remedio que la enfermedad, el estilo de crianza, ser superior al promedio; **3.** resultar ileso, disparar, hijastro; **4.** agravar la situación, la caída del consumo, reducir el empleo.

3.1.5. Competición sobre la audición anterior de las noticias correspondientes a los dos primeros titulares. Dependiendo del número de alumnos las preguntas las escribirán individualmente (si son menos de 5) o en parejas (si son más de 6). Dé ritmo para que las respuestas se hagan en menos de 5 segundos. Ganará quien más respuestas acierte: pueden comprobarlo proyectando o dando una copia de la transcripción del audio.

3.2. Actividad de comprensión lectora. Se proponen dos textos de los que solo leerán uno. Divida la clase en grupo A y en grupo B y haga que lean su texto correspondiente y discutan en su grupo su opinión sobre el contenido del mismo. Posteriormente, forme parejas con texto A y B: sin leerlo, deben contarse el contenido de cada uno. Finalmente, en grupo clase discutirán entre todos sus ideas acerca de los temas.

Lázaro Carreter (1923-2004) fue filólogo y director de la RAE de 1992 a 1998. Extractos de su famosa obra *El dardo en la palabra* fueron publicados en prensa a lo largo de una época y sentaron bases sobre la corrección y la necesidad de cuidar el estilo periodístico.

Juan José Millás (Valencia, 1946) es un famoso escritor y periodista español.

3.3. Actividad que plantea frecuentes errores del español cometidos en la lengua oral y escrita para hacer consciente al aprendiz de la importancia de documentarse correctamente a la hora de utilizar el lenguaje y no dejarse llevar por lo que oye.

1. *Queísmo*, omisión de la preposición *de*; **2.** *Dequeísmo*, uso de la preposición *de* sin necesidad; **3.** *delante de mí*: uso de posesivos con adverbios; **4.** Concordancia en las construcciones partitivas; **5.** Verbos impersonales concordados con el objeto directo; **6.** Sustitución del relativo *cuyo*; **7.** Omisión del artículo en sintagmas nominales donde resulta necesario; **8.** *dentro de...*: alteraciones en el uso de preposiciones y locuciones preposicionales.

3.3.1. Anime a los alumnos a pensar en sus errores más frecuentes a la hora de hablar y escribir español. Después del debate y a modo de ejemplo, escoja alguno de los problemas comunes y entre todos piensen en una regla que les ayude a evitarlos. Ponga a los estudiantes a trabajar en grupos para definir más estrategias para superar sus dificultades. Finalmente, abra la clase para que se cuenten unos grupos a otros sus conclusiones. Se podrían diseñar carteles en clase con advertencias que les recuerden cómo mejorar su lenguaje.

3.4. Actividad para desarrollar destrezas de modo integrado en el aula: los alumnos van a hablar, escucharse y escribir sobre el tema. Dibuje un mapa de España o de alguna región hispanohablante y pregunte cuántas lenguas oficiales hay: castellano, catalán, gallego y euskera o vasco, en el caso del primero. Hable de las variedades dialectales y anime a los estudiantes a que expliquen cómo es esta realidad en sus países. Si el grupo es numeroso, divida la clase en grupos de distintas nacionalidades si las hubiera (o regiones), para incrementar su tiempo de habla. Entregue el cuadro de la actividad para que lo completen y piensen en otras ideas para debatir argumentos a favor o en contra de diferentes situaciones lingüísticas.

3.4.1. Actividad opcional. Divida la clase en dos grupos: unos, van a escribir un texto exponiendo sus opiniones anteriores que colgarán en un blog de clase o en el *Facebook* de la escuela si hubiera. El otro, buscará un foro de estudiantes de español (ver en *www.cvc.cervantes.es*) para comentar en él sus opiniones. Si el acceso a Internet en su escuela es limitado, siempre existe la posibilidad de que hagan un cartel con sus ideas y conclusiones para colgar en algún panel del centro y buscar respuestas de estudiantes de otras clases.

4 Para terminar

En esta unidad, en el último epígrafe, los estudiantes ampliarán sus conocimientos sobre algunos rasgos fonéticos y morfológicos del español de América, así como sobre las diferencias léxicas existentes en los países que integran el territorio hispanohablante.

4.1. En esta actividad se ofrece un titular que recoge el léxico propio del habla coloquial de España (*currar* y *pijo*, aclarados en el epígrafe 2), junto a otros términos hispanos (*guira*, cerveza) y otros propios del espanglish (*lanchear*, de *lunch*). Fomente después de su lectura que los alumnos comenten las diferencias que conozcan en el español de los distintos países latinos antes de pasar a la siguiente actividad donde ampliarán esta información.

4.1.1. Para motivar la lectura del texto que se entregará, haga que previamente respondan a las preguntas de la actividad y discutan sobre ello. Después, recorte el texto de la ficha 36, péguelo por las paredes de la clase e invite a los estudiantes a ponerse de pie para leerlo y buscar la solución a las cuestiones iniciales.

Ficha 36. ***Después de currar, una guira.***

1. El de España; **2.** Del andaluz en el Caribe, el habla de los indios quechuas en la Cordillera de los Andes, el guaraní en Paraguay, de italianos y franceses en Argentina y del espanglish en México; **3.** Caña (cerveza tirada en grifo), chela, guira; **4.** Laburar, currar, ir a la pincha y a la chamba (colq.).

4.2. Actividad de completar huecos para profundizar en otros rasgos y diferencias propias del español de América. Podría motivarlo con cualquier canción que crea que puede gustar a sus alumnos de un país hispano que encontrará sin dificultad en Internet para que los alumnos se fijen especialmente en las diferencias de pronunciación respecto a la variedad de español que aprendan en clase (la confusión *r* y *l* es propia del habla del Caribe).

1. seseo; **2.** yeísmo; **3.** aspiración o pérdida de la *–s* final; **4.** Confusión mutua de *r* y *l*; **5.** aspiración de la *h-* inicial.

4.3. Presentación de nuevo léxico propio de diferentes países que deben relacionar con la palabra usada en España. Podrían, posteriormente, buscar de qué país es propia cada una y añadir alguna más a las ya aprendidas.

1. i; **2.** h; **3.** a; **4.** d; **5.** c; **6.** k; **7.** g; **8.** j; **9.** f; **10.** b; **11.** e.

Unidad 9

El tiempo pasa

La temática de esta unidad viene determinada por dos materias que suelen aparecer muy ligadas: la política y la historia. El contenido lingüístico elegido para el epígrafe final son los diferentes usos del presente de indicativo.

1 Frases que han hecho historia

Este epígrafe está dedicado a la política y a personajes que han dejado una impronta en la historia. Se trabaja con el léxico político y se introducen las frases concesivas de estructura reduplicada.

1.1. y **1.1.1.** Para introducir el tema escriba la palabra *política* en el centro de la pizarra y pida a sus estudiantes que escriban otras que relacionen con esta a su alrededor. Después, haga una puesta en común en la que expliquen por qué establecen esa relación entre las palabras que ellos han elegido y *política*.

1.1.2. La primera tarea de esta unidad es crear un diccionario de términos políticos. La mejor manera de comenzarlo es definiendo qué significa *política*. Para ello pida a sus alumnos que lean la cita de Groucho Marx y coméntela con ellos. Después, anímelos a que escriban ellos su propia definición. Reserve los resultados para la actividad 1.4.1.

1.2. Las muestras de lengua que se han elegido para introducir el léxico relacionado con política son citas de personajes famosos. Pida a sus alumnos que las lean y que elijan las dos que más se identifiquen con sus creencias. Ahora no es importante que se detengan en los fragmentos resaltados.

1.2.1. Fijación del vocabulario relacionado con política y gobierno. Anime a sus estudiantes a que lo lean y que se expliquen entre ellos todo lo que puedan. También les puede servir fijarse en las palabras resaltadas en 1.2. Invítelos a tomar nota de lo que consideren necesario para fijar los conceptos.

1.3. Actividad de desarrollo de la interacción oral en la que se incluye también el léxico presentado en la actividad anterior. Fotocopie el tablero de la ficha 37 y reparta fichas de colores diferentes a cada alumno. Siga la misma dinámica que se utiliza para el popular juego de la oca: el estudiante tira el dado y avanza tantas casillas como el número que ha sacado. Las casillas 6, 12 y 18 tienen una interrogación que significa que los compañeros le harán una pregunta al alumno que caiga en ellas. En las casillas 13 y 21, que se refieren al léxico, anime a que expliquen los significados.

Ficha 37. ***Experiencias políticas.***

1.4. y **1.4.1.** Primera tarea de la unidad. Pida a sus alumnos que repasen las actividades realizadas hasta el momento y que elijan y definan un término relacionado con la política. Cuando ya estén todos, haga una puesta en común para seleccionar aquellas definiciones que les resulten más interesantes; con ellas crearán su diccionario de términos políticos. Pueden hacerlo en el formato que quieran (archivador con fichas, formato libro, listado...), pero le recomendamos que haya un resultado físico. Es el momento de recuperar las definiciones que hicieron en 1.1.2. para empezar su diccionario con el vocablo *política*.

1.5. Actividad que tiene como objetivo contextualizar la comprensión auditiva que oirán después los alumnos. Para realizar este trabajo de preescucha, llame la atención sobre la cita de Francis Bacon y ayúdelos a pensar en el tema de la misma, que es igual que el de los textos auditivos posteriores.

La corrupción política.

1.5.1. Informe de que van a escuchar tres artículos de opinión extraídos de una radio española y que todos aluden al mismo tema: la corrupción política. Dígales que deben relacionar los resúmenes de su libro con los textos que oigan poniendo el número que los identifica en la grabación.

3, 1, 2.

1.5.2. Deje a sus alumnos que piensen en las preguntas que se proponen en su libro. Pasee por la clase por si necesitan su ayuda, por ejemplo aportando más ideas sobre el tema. Realice una puesta en común para trabajar la interacción oral y anime a los estudiantes a que añadan la información que ellos tengan sobre el tema de corrupción política o den su opinión.

1.6. Comienza aquí la secuencia en la que se presentará el contenido gramatical del epígrafe: las oraciones concesivas con estructura reduplicada. Proyecte la transparencia 8 y anime al alumnado a que comenten la importancia de estos personajes en la historia. Si no conocen alguno, tranquilícelos y apóyese en el dato que hay debajo de cada firma.

Transparencia 8. ***Personajes.***

1.6.1. Recorte las tarjetas de la ficha 38 y repártalas entre los alumnos. Pídales que relacionen el acontecimiento histórico que hay en ellas con la firma de la transparencia que lo selló. Dígales que se levanten y que peguen la tarjeta junto a la imagen de la firma correspondiente.

1. Helmut Kohl; **2.** Galieo Galilei; **3.** Marie Curie; **4.** Juan XXIII; **5.** Abraham Lincoln; **6.** Indira Gandhi; **7.** Mijail Gorbachov; **8.** Leonardo da Vinci; **9.** Louis Pasteur; **10.** Felipe González; **11.** Mata Hari; **12.** Winston Churchill.

Ficha 38. ***Personajes y acontecimientos.***

1.6.2. Actividad que proporciona los modelos de lengua del contenido gramatical. Informe a sus alumnos de que tienen que imaginar cuál de los personajes anteriores podría haber dicho cada una de esas frases. Adviértales de que las frases no son reales.

1. Felipe González; **2.** Indira Gandhi; **3.** Helmut Kohl; **4.** Winston Churchill; **5.** Mijail Gorbachov; **6.** Galieo Galilei; **7.** Abraham Lincoln; **8.** Leonardo da Vinci; **9.** Marie Curie;

10. Louis Pasteur; **11.** Mata Hari; **12.** Juan XXIII.

1.6.3. Sistematización de las oraciones concesivas con estructuras reduplicadas. Observando las frases de la actividad anterior anime a los estudiantes a que completen las explicaciones. Llame la atención sobre la información del megáfono y resuelva las posibles dudas que tengan.

1. subjuntivo; **2.** relativo; **3.** subjuntivo; **4.** subjuntivo + *o*; **5.** *Si*; **6.** *que* + subjuntivo.

1.7. y **1.7.1.** Práctica de lenguaje de las estructuras reduplicadas que servirá también para dar modelos textuales para la siguiente actividad. Diga a sus alumnos que, de manera individual, lean las frases y que piensen quién las podría haber dicho marcando la opción que crean más acertada. Cuando terminen, divida la clase en tríos y pídales que comparen sus elecciones y expliquen por qué las han elegido.

Solo la frase 1 tiene una solución cerrada, ya que es una cita del cantante Elvis Presley.

1.7.2. Mantenga la clase divida en tríos e infórmelos de que tienen que escribir dos frases concesivas de estructura reduplicada. Anímelos a que antes de escribir, piensen en un contexto y un emisor. Haga una puesta en común en clase abierta leyendo las frases producidas y pida a los que escuchan que imaginen el contexto y el emisor. Después, compare la idea inicial de los que han escrito cada frase con la idea de los que escuchan para ver si coinciden o no.

1.8. Las actividades precedentes ofrecen ideas suficientes sobre citas para que los alumnos elaboren ahora las suyas propias y las recojan en un documento (libro de citas).

2 De las dictaduras a la democracia

El marco temático de este epígrafe es la historia reciente de Hispanoamérica y se anticipa algo sobre España, que se tratará en el siguiente. Se presentan las oraciones adverbiales temporales en pasado.

2.1. y **2.1.1.** Comprensión lectora con el contenido cultural de la historia de Hispanoamérica y España de finales del siglo XX y principios del XXI. Divida la clase en parejas para que marquen en la columna de la izquierda si creen que esas afirmaciones son verdaderas o falsas, así activará el conocimiento previo de los alumnos al mismo tiempo que despertará su interés sobre la lectura. Una vez que lo hayan discutido, pídales que lean el texto para marcar ahora la columna de la derecha y compararla con la de la izquierda.

1. V; **2.** F; **3.** F; **4.** V; **5.** F; **6.** V; **7.** F.

2.2. En esta actividad se presentan los principales líderes políticos de España e Hispanoamérica del siglo XX. Pregúnteles si conocen a esos personajes e invítelos a compartir la información que tengan con sus compañeros. A continuación, pídales que los clasifiquen en los cuatro grupos que hay en sus libros (dictaduras, transición española, revolución cubana y revolución mexicana).

1. Francisco Franco, Augusto Pinochet, Fidel Castro, Porfirio Díaz, Fulgencio Batista; **2.** Juan Carlos I, Adolfo Suárez; **3.** Ernesto Guevara, Fulgencio Batista, Fidel Castro; **4.** Francisco Ignacio Madero, Pancho Villa, Emiliano Zapata, Porfirio Díaz.

2.2.1. Señale la descripción de los líderes anteriores y diga a sus alumnos que la relacionen con sus nombres. Rebaje el posible nivel de ansiedad del alumnado si ve que no tienen muchos conocimientos o interés sobre el tema.

1. Augusto Pinochet; **2.** Porfirio Díaz; **3.** Fulgencio Batista; **4.** Pancho Villa; **5.** Juan Carlos I; **6.** Francisco I. Madero; **7.** Adolfo Suárez; **8.** Ernesto Che Guevara; **9.** Fidel Castro; **10.** Francisco Franco; **11.** Emiliano Zapata.

2.3. Diga a sus estudiantes que lean la explicación sobre las oraciones temporales y resuelva sus posibles dudas.

2.3.1. Pida a sus estudiantes que unan las ideas que aparecen en la actividad creando frases temporales que respeten el orden cronológico de los hechos. Haga un ejemplo con ellos y adviértales que hay varias opciones.

2.4. Tarea para comparar la historia reciente de los países de la clase. Pregúnteles si su país ha sufrido también algún periodo de represión y dígales que, basándose en las ideas aportadas en el epígrafe, hablen sobre su nación.

Actividad extra. Si sus alumnos demuestran interés en la historia de Hispanoamérica, le ofrecemos una actividad de comprensión lectora sobre las guerrillas. Fotocopie la ficha 39 en sus tres variantes, divida la clase en tres grupos (A, B y C) y dé a cada uno el modelo identificado con su letra. Para contextualizar el tema realice la actividad de rellenar huecos. Luego, déjelos que lean los textos en su grupo y que resuelvan entre ellos las dudas que tengan. Cuando terminen, haga nuevos grupos de tres alumnos como mínimo, de tal manera que haya por lo menos un representante de cada letra en cada uno. Pídales que compartan la información que han leído con sus compañeros.

1. armados; **2.** revolucionaria; **3.** injusticias; **4.** despreciadas; **5.** pública; **6.** disolvieron.

Ficha 39 (A, B y C). ***Las guerrillas hispanoamericanas.***

3 Historia de España

En el epígrafe anterior se daban algunas pinceladas sobre la historia contemporánea de España y en este se amplía la información cogiendo como época principal la transición. Con este periodo se introducen las estructuras pasivas.

3.1. y **3.1.1.** En esta actividad se introduce el contenido cultural de la idea de las dos Españas. Se utiliza, fragmentado en pares de versos, el poema de Antonio Machado que trata de ese tema. Pídales a sus estudiantes que intenten ordenarlo y después haga que comprueben con la proyección del original que tiene en la transparencia 9. A continuación, pregúnteles si podrían determinar el tema del poema y anímelos a que cuenten lo que sepan sobre ello.

Las dos Españas.

Transparencia 9. ***Antonio Machado.***

Las dos Españas es un concepto que refleja la división de la sociedad española a lo largo de los siglos XIX y XX. El concepto se acuñó durante la Guerra de Independencia (1808-1814) y se reforzó en la Guerra Civil (1936-1939) con los enfrentamientos de los dos bandos que representan a esas dos Españas antagónicas.
A muy grandes rasgos podemos definir las dos Españas así:

- Una España conservadora, con ideología nacional y católica. Sus representantes principales son la iglesia y la aristocracia. En la Guerra Civil era defendida por el bando nacional.
- Otra España liberal que se vinculaba a las ideas de la Francia revolucionaria. Defiende regímenes constitucionales, la separación de poderes y el laicismo. En la Guerra Civil estuvo encarnada en el bando republicano.

3.2. Esta actividad tiene un doble objetivo: por una parte, aporta las muestras de lengua de estructuras pasivas, y por otra introduce el contenido cultural de la transición española. Motive la actividad dotándola de carácter de competición. Pida a sus estudiantes que contesten el test y lo pongan en común para ver quién ha tenido más aciertos.

1. La muerte del dictador Francisco Franco; **2.** en abril de 1977; **3.** El 15 de junio de 1977; **4.** UCD con Adolfo Suárez; **5.** un grupo de siete políticos de diferentes tendencias ideológicas. **6.** El 6 de diciembre; **7.** septiembre de 1977; **8.** El Congreso fue asaltado por un grupo de militares que intentaron dar un golpe de estado; **9.** El trabajo de las mujeres fuera de casa estaba prohibido; **10.** Portugal.

3.2.1. Sistematización de las construcciones pasivas. Anime a sus alumnos a que completen los espacios observando los fragmentos en negrita del test de la actividad anterior.

1. *Ser* + participio; **2.** *Se* + verbo en tercera; **3.** *Estar* + participio; **4.** Sustantivo (OD) + pronombre de OD + verbo.

3.3. y **3.3.1.** Comprensión auditiva que dará paso a una práctica de lenguaje. Motive la audición con las imágenes de Madrid que tienen en su libro. Pregúnteles si conocen esa ciudad y qué saben de ella. Dígales que van a escuchar algo sobre la historia de Madrid y que deben responder a las ocho preguntas que tienen.

1. Felipe III; **2.** Madrid medieval, de los Austrias, de los Borbones y romántico; **3.** La Plaza de la Villa y la Calle Mayor; **4.** La Plaza Mayor; **5.** El edificio del Ministerio de Asuntos Exteriores; **6.** El reloj más famoso de España; **7.** De un antiguo alcázar; **8.** El Palacio del Congreso.

3.3.2. Práctica de lenguaje de la pasiva. Empareje a sus alumnos y dígales que escriban un texto sobre la historia de Madrid utilizando los datos de las preguntas y respuestas de la actividad anterior. Anímelos a usar diferentes tipos de construcciones pasivas.

3.4. Práctica de lenguaje de corregir errores. Agrupe a los alumnos en tríos e invítelos a discutir sobre si las frases son correctas o no y por qué.

3.4.1. Realice una subasta de frases con las de la actividad anterior. "Entregue" a cada trío 500 euros para poder pujar. Dígales que al igual que en la subasta de obras de arte, aquí tenemos también falsificaciones, que ellos ya han identificado. Informe a los alumnos de que tienen que comprar el mayor número de frases (correctas o incorrectas) posible con su dinero. Lo importante es saber si compran una frase correcta o incorrecta. Inicie la subasta con un precio de salida de 50 euros para la primera frase y deje que suban las pujas hasta adjudicársela al grupo que esté dispuesto a ofrecer más. Repita la operación con el resto de frases. Cuando ya hayan subastado todas, pida que el grupo que ha comprado cada una explique si ha adquirido una frase correcta o incorrecta y por qué. Si aciertan, deles un punto. Al final haga recuento de puntos para proclamar un ganador.

1. C; **2.** I, estuvo prohibido; 3. I, los hizo el gobierno; 4. C; 5. I, fue ratificada por los españoles; **6.** C; 7. I, lo construyeron los presos republicanos; 8. I, fue secuestrado.

3.5. **Actividad opcional** que puede hacer si tiene alumnos interesados en la economía y las finanzas. Fotocopie la ficha 40A y 40B y reparta un modelo de manera alternativa entre sus estudiantes. El objetivo de esta actividad es el léxico relacionado con la crisis financiera y se realiza con la tipología de vacío de información. Forme parejas, un A con un B, y dígales que se pregunten por el vocabulario que no entiendan y que se lo expliquen.

Ficha 40 (A y B). ***La crisis financiera.***

3.5.1. Indique a sus alumnos que deben completar el texto escrito por Felipe González y titulado *Crisis y prioridades* con las palabras de la actividad anterior. Adviértalos de que en los casos en que tienen el verbo conjugado entre paréntesis deben utilizar esa forma.

1. países emergentes; **2.** eludió; **3.** se desplomaron; **4.** ajuste; **5.** contagio; **6.** sacudida; **7.** encarecimiento; **8.** agravarán; **9.** especulativas; **10.** repercusiones; **11.** ahorro público; **12.** bonanza; **13.** desaceleración; **14.** morosidad; **15.** priorizar; **16.** financiación; **17.** incrementos; **18.** caída del empleo.

3.6. y **3.6.1.** Tarea para decidir los hechos que han tenido una mayor influencia en la historia de un país. Déjeles unos minutos para que piensen y tomen nota sobre acontecimientos que han podido cambiar el camino de una nación. Haga una puesta en común para decidir cuáles son los más influyentes y con mayor impacto.

4 Para terminar

Este epígrafe se dedica en esta ocasión al contenido lingüístico de los usos del presente de indicativo.

4.1. Muestre los dibujos de situaciones que tienen los alumnos en el libro y pregúnteles quién puede estar diciendo la primera frase (*Ahora vivo en Sevilla*). Cuando le respondan que una de las personas del dibujo B, pídales que continúen relacionando.

1. B; **2.** E; **3.** C; **4.** A; **5.** F; **6.** G; **7.** D.

4.1.1. Haga reflexionar a sus alumnos sobre los usos que tiene el presente en las frases anteriores y dígales que escriban el número de la oración que sirve como ejemplo para cada uno de los usos sistematizados en el cuadro.

1. Presente actual; **2.** Presente histórico; **3.** Presente atemporal; **4.** Presente con valor futuro a); **5.** Presente con valor futuro c); **6.** Presente con valor futuro b); **7.** Presente habitual.

4.2. Recorte las fotos de la ficha 41 y entregue una a cada pareja. Hágales reflexionar sobre lo que les sugiere. Pídales que escriban un pequeño texto haciendo uso de uno de los valores del presente.

Ficha 41. ***Presente.***

4.2.1. Proyecte las imágenes de la transparencia 10, que son las mismas que usted ha repartido entre los alumnos. Intercambie las parejas y pídales que se lean sus textos para adivinar qué foto les ha correspondido y qué uso del presente han utilizado.

Transparencia 10. ***Presente.***

Unidad 10

Última etapa

En esta unidad, la última de Etapas Plus B2.1, se ofrece al estudiante la oportunidad de hacer uso de sus estrategias y destrezas necesarias que le permitan resolver con éxito diferentes situaciones de comunicación. En los dos primeros epígrafes se presenta una secuencia de integración de destrezas, con algunas tareas y actividades típicas de los exámenes DELE. En el tercer epígrafe se anima al estudiante a reflexionar sobre su nivel y a hacer su portfolio.

1 En busca de la identidad

Este epígrafe está dedicado a la política y a personajes que han dejado una impronta en la historia. Se trabaja con el léxico político y se introducen las frases concesivas de estructura reduplicada.

1.1. La actividad introduce el tema de la secuencia: la importancia de pertenecer a un grupo. Pida a los alumnos que lean la cita y miren la imagen.

1.2. Haga la actividad en grupo clase, como motivación y creación del interés hacia la siguiente tarea. En el caso de que ningún estudiante sepa la respuesta a la pregunta formulada en su libro, pase al siguiente ejercicio.

1.2.1. Pídales que, en este momento, se fijen solamente en la estructura de los estamentos porque en la actividad posterior trabajarán con el significado de algunos grupos sociales. Motive a la clase para que comenten todo lo que les sugiera la organización que muestran las pirámides, despierte su interés por el tema y trate de hacer una pequeña interacción oral; si lo cree más conveniente, haga la actividad en grupos pequeños en lugar de en clase abierta.

1.2.2. Ponga a los estudiantes en parejas. Pídales que se fijen en la pirámide de la Edad Moderna para contestar a la pregunta de vocabulario. Anímelos a que no usen el diccionario, sino a que deduzcan o infieran el significado, ayudados por la definición y el lugar que ocupa la palabra en la imagen.

1. f; **2.** c; **3.** b; **4.** e; **5.** a; **6.** d.

1.2.3. Termine esta secuencia animando a los alumnos a que en tríos o grupos de cuatro, dibujen lo que podría ser la pirámide social actual, según su opinión. Haga una pequeña lluvia de ideas con la clase para que se ayuden unos a otros, pero si piensa que los alumnos necesitan más guía, proyecte la imagen de la transparencia 11 y pídales que la completen con las profesiones u ocupaciones. Insista en que el dibujo es libre y reflejará sus ideas.

Transparencia 11. ***Pirámide social del siglo XXI.***

1.2.4. Haga una puesta en común y anime a los estudiantes a que presenten su organización social, la justifiquen y la argumenten.

1.3. Actividad de comprensión lectora. Introduzca y motive el texto con la pregunta que aparece como título. Deje que los alumnos hablen y den sus opiniones y cuando lo crea conveniente anímelos a que lo lean para ver si coinciden con sus respuestas. Pídales que, en parejas, completen los nueve espacios con la forma correcta de las opciones que se les ofrece. Adviértales que ahora no deben preocuparse por los otros huecos, ya que esta tarea pertenece a la siguiente actividad.

1. **sea;** **2.** **donde;** **3.** **entienda;** **4.** **lugar;** **5.** **se basa;** **6.** **tales como;** **7.** **se corresponden;** **8.** **influyente;** **9.** **desde hace.**

1.3.1. Una vez que haya corregido la actividad anterior, pida a los alumnos que en parejas, completen los siguientes espacios relativos a los beneficios de pertenecer a un grupo, según su opinión. Llame su atención sobre el número 1, que ya tienen solucionado (supervivencia) para que les sirva de modelo.

1.3.2. Motive a los alumnos para que escuchen parte del texto anterior y comparen sus respuestas con las originales. Pídales que tomen nota de las palabras que ellos consideran clave para posteriormente poder apoyarse en ellas y parafrasear los párrafos.

1.4. Siguiendo con la idea de la necesidad de pertenecer a un grupo, esta actividad inicia una secuencia en la que se habla de tribu o grupo urbano para presentar léxico relacionado con la imagen y la apariencia física. Llame la atención de los alumnos hacia la imagen. Trate de dirigir la interacción oral hacia la respuesta de la pregunta que se plantea en el libro: tribu o grupo urbano. Pregúnteles si conocen a esos grupos y qué saben de ellos (música, apariencia física, ideología...). Esta actividad les preparará para la siguiente. Pueden también hablar sobre las razones por las que las personas sienten la necesidad de pertenecer a una tribu urbana: qué puede aportarles.

1.4.1. Centre ahora la atención hacia los grupos que aparecen en la actividad y pídales que en grupos pequeños traten, si no los conocen, de hablar sobre los aspectos que se les señalan a partir de la información que les da la imagen.

1.4.2. Contextualice el vocabulario explicándoles que pertenece a los textos que van a leer sobre las anteriores tribus urbanas. Sondee el conocimiento de los alumnos pidiéndoles que resuelvan la actividad.

1. **pelo engominado;** **2.** **flequillo a la cara;** **3.** **muñequera;** **4.** **chapas;** **5.** **brazalete con pinchos;** **6.** **cadena;** **7.** **medias de rejilla;** **8.** **sudadera con capucha;** **9.** **calzoncillo a la vista;** **10.** **zapatilla estilo *Converse*;** **11.** **pantalones tipo pitillo.**

1.4.3. Motive la lectura de los textos sobre las tribus urbanas proponiéndoles una competición o concurso. Divida a la clase en grupos de cuatro o cinco personas, pídales que lean primero las frases del cuestionario y explíqueles que deben contestar si las frases son verdaderas o falsas argumentando y justificando su respuesta. Insista en que solo se dará como válida la respuesta, si está suficientemente demostrada. Póngales un ejemplo de los que aparecen en la clave para mostrarles más claramente lo que se les está pidiendo. Haga fotocopias de los textos de la ficha 42 y entregue una copia a cada grupo.

Ficha 42. ***Tribus urbanas.***

1. Falso, en el texto no se habla sobre ello. Son los emos; **2.** Falso. Su origen es en los años 80, pero existen en la actualidad, son nuevos emos y son adolescentes; **3.** Falso. Son más positivos que los emos, pero no significa que sean activos. Además es un grupo

Nivel B2.2

basado más en la estética; **4.** Falso. Es lo contrario: lo llevan pegado a la cara; **5.** Falso, es a los emos y pokemones; **6.** Falso. Llevan los pantalones ajustados, pero las camisetas no, y usan colores llamativos; **7.** Verdadero; **8.** Verdadero; **9.** Verdadero; **10.** Falso. Son los góticos, los emos son arreligiosos; **11.** Falso. Tienen sus grupos propios aunque a algunos le gusta también otras músicas como el *punk* o el *heavy*.

1.4.4. **Actividad opcional.** Pida a sus alumnos que se agrupen por intereses para elegir uno de los grupos que aparecen en 1.4. Invítelos a buscar información sobre él para hacer una exposición en clase.

2 En busca de la felicidad

El tema que vertebra todas las actividades de este epígrafe es el de la felicidad. El objetivo es enfrentar al estudiante a algunas actividades propias de exámenes DELE B2. Se presta especial atención al desarrollo de destrezas integradas que deberán ejercitar en las pruebas de expresión e interacción orales y escritas, así como en las de comprensión lectora y auditiva.

2.1. Actividad introductoria al tema del epígrafe. Dibuje en la pizarra algunas cosas que le hagan feliz y anime a sus estudiantes a adivinar de qué se trata y a que le hagan preguntas de por qué le gustan, etc. Después, invítelos a dibujar ellos en el espacio de la actividad. Si encontrara algún estudiante un poco reacio a ello (siempre puede haber alguien que piense que dibuja mal), dígale que puede sustituir el dibujo por palabras. A continuación, póngalos en parejas para adivinar la información del compañero: deben buscar si existe algún elemento común entre ellos que les proporciona felicidad y compartir con el resto de la clase sus averiguaciones.

2.1.1. Actividad de interacción oral. Si el grupo de estudiantes no es muy numeroso, pueden expresar sus opiniones en clase abierta, si no, mejor formar grupos de seis para favorecer el tiempo de habla de los alumnos. Mientras, paséese por la clase tomando notas de los errores que oiga para corregirlos al final de todas las intervenciones.

2.1.2. Recorte la ficha 43 y reparta un fragmento a cada estudiante. Deje unos minutos para que lo lean y lo entiendan. Después, deben contar la información aprendida al resto de sus compañeros. Es importante que no lo lean, sino que lo expliquen con sus palabras para facilitar la comprensión. Si dos estudiantes tienen la misma ficha (dependerá de si tiene que duplicarlas), pueden resumir la información leída juntos (de forma oral) antes de contársela al resto.

Ficha 43 (A y B). ***Claves de la felicidad.***

2.2. Actividad de comprensión auditiva donde se completa una tarea de selección múltiple propia del DELE. Puede contextualizar el audio preguntando a sus estudiantes si creen que los animales son felices o no y abriendo un pequeño debate sobre ello. En esta ocasión, a diferencia de otros audios trabajados en Etapas, ponga el audio dos veces seguidas y deje unos minutos al final de la segunda escucha para que completen la tarea. Corríjalo al final escribiendo las soluciones en la pizarra con ayuda de sus alumnos.

1. b; **2.** c; **3.** c; **4.** c.

2.3. y **2.3.1.** Una de las pruebas de expresión e interacción oral del DELE consiste en una conversación de modo informal a partir de un gráfico (duración: 2-3 minutos). En otra de las pruebas de expresión e interacción escritas del DELE redactan un texto en el que se argumenta, valora u opina (extensión: 150-180 palabras) a partir de un gráfico dado. Reparta un folio a cada alumno para la redacción y deje unos 20 minutos para ello. Sería interesante que los alumnos se repartan los textos y los corrijan por grupos teniendo en cuenta los descriptores del DELE para la corrección de la expresión e interacción escritas.

La pirámide de Maslow, o jerarquía de las necesidades humanas, es una teoría psicológica propuesta por Abraham Maslow en su obra: *Una teoría sobre la motivación humana* (en inglés, *A Theory of Human Motivation*) de 1943, que posteriormente amplió. Maslow formula en su teoría una jerarquía de necesidades humanas y defiende que conforme se satisfacen las necesidades más básicas (parte inferior de la pirámide), los seres humanos desarrollan necesidades y deseos más elevados (parte superior de la pirámide).

2.4. Actividad para fomentar la interacción oral y el conocimiento entre los estudiantes. Organice la clase en parejas para que se hagan el test: cada alumno hace las preguntas de su columna al otro. Anímelos a hablar y a preguntarse más cosas relacionadas con las cuestiones. Es deseable que arranquen la actividad haciéndole a usted alguna de las preguntas, si usted responde con naturalidad está marcando un modelo que sus aprendices seguirán sin problema.

2.4.1. Actividad comunicativa de la lengua. Objetivo: desarrollo de la expresión escrita. Ponga música relajada y anime a sus estudiantes a cerrar los ojos durante unos segundos para pensar en algún momento de su vida en el que se sintieron muy felices. A continuación deben abrir los ojos para comenzar a escribir respondiendo a las preguntas que les irá lanzando usted poco a poco con voz suave mientras la música sigue sonando baja: *¿Dónde estabas en ese momento?, ¿Con quién?, ¿Qué día hacía?, ¿Qué pasó?, ¿Qué más recuerdos vienen a tu cabeza?...* Deje tiempo entre pregunta y pregunta para que sigan escribiendo. Advierta de que vamos a ir terminando de escribir. El texto concluirá con las preguntas: *¿Cómo te sientes al rememorarlo?, ¿Te ha gustado hacer esta actividad?, ¿Por qué?* Permita que revisen durante unos minutos el texto antes de proceder a su corrección, si dispone de tiempo se pueden intercambiar los textos entre ellos para corregirlos, si no, llévelos a casa y corríjalos usted de la forma habitual.

2.5. Exposición a una de las pruebas de comprensión de lectura del DELE que consiste en identificar estructuras gramaticales o léxicas para completar un texto extenso complejo. Motive la actividad escribiendo PFB en la pizarra y preguntando: *¿Qué creéis que pueden significar estas siglas?* Una vez aclarado (*Producto de Felicidad Bruta*), explique que van a leer una noticia que habla de ello y que deben seleccionar la opción correcta a/b/c.

1. b; **2.** b; **3.** a; **4.** b; **5.** c; **6.** a; **7.** c; **8.** c; **9.** c; **10.** b; **11.** b; **12.** b.

2.6. y **2.6.1.** Primero, divida la clase en parejas y reparta una frase a cada una: tienen que escribir unas preguntas relacionadas con esta frase que harían a su compañero. Después, todos vuelven a su frase elegida y toman nota durante cinco minutos de lo que van a decir sobre ello ante su compañero. A continuación forme tríos: el primero, interactúa con el estudiante y el segundo controla los descriptores para la corrección de la expresión e interacción oral. Deben simular que están en el examen. En la ficha 44 tienen un fragmento del cuadro 3 del MCER sobre los aspectos cualitativos del uso de la lengua hablada. Reparta una a cada supuesto examinador que observa e indíqueles que tienen que marcar la descripción que piensen que más se corresponde con la actuación del candidato en cada uno de los apartados (alcance, corrección, etc.). En cada fila, cada celda pertenece a la descripción del nivel B1, B2 o C1, pero no están por orden, por tanto los estudiantes la elegirán sin esa información. Cuando terminen proyecte la transparencia 12, en la que el cuadro está ordenado por niveles, para que comprueben cuál es el que le han asignado en cada caso (B1, B2 o C1) a su compañero. Sería maravilloso que pudieran grabarlo en vídeo para poder realizar la corrección de la actividad viéndolo y comentando entre todos los puntos a mejorar en la interacción.

1. exterior; **2.** a pesar de; **3.** necesito; **4.** conducta; **5.** exceso; **6.** querer; **7.** descuidemos; **8.** corazón.

Ficha 44. ***MCER: aspectos cualitativos de la lengua hablada.***

Transparencia 12. ***MCER: aspectos cualitativos de la lengua hablada.***

2.7. **Actividad opcional.** Elaboración de un decálogo con ideas para ser feliz en las que recogerán lo aprendido en el epígrafe y al que pueden añadir otras de cosecha propia. Para activar la participación debe organizar la clase en grupos de seis: reparta una cartulina por grupo para que realicen su decálogo en ella (primero, siempre trabajo en borrador). Al final, cada grupo presentará a los demás su trabajo, anímelos a que se escuchen dirigiendo su atención hacia los puntos en común que aparecen en todos los trabajos o lo que les haya llamado la atención de los demás. Si cuentan con un *Facebook* grupal, blog... pueden colgar allí los resultados. En los años 80 hubo una famosa canción española que decía: *Yo, para ser feliz, quiero un camión* del grupo Loquillo y Los Trogloditas. Podría usarla en la contextualización de la actividad: ¿Pondrían ellos esto en su decálogo?

2.8. Recital de poesía. Actividad para trabajar aspectos de pronunciación. Divida la clase en tres grupos, cada uno de los cuales debe memorizar su parte correspondiente del poema de Pablo Neruda (pueden a su vez repartirse los versos para agilizar la memorización). Es importante dejarles tiempo para practicar la entonación antes de proceder al recital del poema en su totalidad. Pásese por los grupos corrigiendo cuanto haga falta para ello. Cuando estén listos, los estudiantes van poniéndose de pie a medida que recitan su parte. Al finalizar, invite a sus alumnos a imaginar el título del poema.

Oda al día feliz.

Actividad extra: si a sus estudiantes les gusta trabajar con canciones en clase, anímelos, como parte de sus deberes, a buscar en *YouTube* alguna canción en español sobre la felicidad y a presentarla a la clase. Podrían hacerlo en grupos si disponen de tiempo para reunirse o individualmente.

3 Para terminar

En este epígrafe se trata de que el alumno reflexione sobre su nivel de competencia comunicativa en español. Para ello nos apoyamos en dos de los documentos europeos de política lingüística más conocidos: el MCER (*Marco común europeo de referencia*) y el PEL (*Portfolio europeo de las lenguas*).

3.1. y **3.1.1.** Con esta actividad los alumnos recuerdan sus conocimientos y experiencias relacionados con la evaluación. Pídales que se hagan esas preguntan entre ellos de pie y anímelos a que indaguen sobre algunos detalles extras. Dígales que tomen nota en la columna "Más información". Cuando terminen, realice una puesta en común sobre lo que han averiguado.

3.2. Cuadro de autoevaluación por competencias correspondiente al nivel B2 extraído del MCER. Dígales a sus alumnos que lo completen identificando a qué tipo de actividad de las que encabezan esta tarea corresponde cada párrafo. Adviértales de que la columna derecha ahora no es importante.

1. Comprensión auditiva; **2.** Comprensión de lectura; **3.** Interacción oral; **4.** Expresión oral; **5.** Expresión escrita.

3.2.1. Haga evocar a sus estudiantes sus experiencias con la lengua española y reflexionar sobre cómo se refleja en su vida ese nivel B2 para cada una de las actividades comunicativas del cuadro. El ejemplo de la comprensión auditiva les puede ayudar para pensar si ellos hacen realmente actividades en su vida cotidiana que demuestren el nivel B2.

3.3. Proponga a sus alumnos hacer o actualizar su *Portfolio europeo de las lenguas*. Sírvase del texto para recordarles en qué consiste y qué apartados tiene. En varias Etapas ya se ha hablado de este documento: en Etapas Plus A2.2 los alumnos completaron su pasaporte, en Etapas Plus B1.2 fueron recopilando un dosier de actividades y en Etapas Plus B2.1 hicieron su biografia lingüística. En este enlace se puede hacer *ePortfolio* si sus alumnos prefieren hacerlo de forma digital: *https://www.oapee.es/e-pel/*

El Consejo de Europa, dentro de su programa de política lingüística, ha llevado a cabo dos proyectos fundamentales: el *Marco común europeo de referencia* (*cvc.cervantes.es/obref/marco/*) y el *Portfolio europeo de las lenguas* (*http://www.oapee.es/oapee/inicio/iniciativas/portfolio.html*).

El *Portfolio europeo de las lenguas* consta de tres documentos: el Pasaporte de lenguas, la Biografia lingüística y el Dosier lingüístico.

- -El Pasaporte de Lenguas está diseñado para que el usuario de lenguas pueda, por un lado, presentar los conocimientos lingüísticos adquiridos y, por otro, para ayudar a los alumnos a reflexionar sobre los objetivos de su aprendizaje, a planificarlo y a aprender de manera autónoma.
- -En la Biografia lingüística se hace reflexionar al estudiante sobre las situaciones de uso a las que ha de hacer frente, su estilo de aprendizaje y sus planes relacionados con el aprendizaje de lenguas.
- -El propósito principal del Dosier es documentar empíricamente, las competencias y las experiencias de aprendizaje lingüístico y cultural reseñadas en el Pasaporte de lenguas y en la Biografia lingüística; desarrolla la función original que ejercen los portfolios, carpetas o dosieres en el mundo laboral, al documentar para los interesados las habilidades de los profesionales (arquitectos, decoradores, etc.) con fotografias y dibujos de las mejores obras que realizaron.

Unidad 1 El siglo XX a escena

1.1. **1.** verdoso; **2.** rojizo; **3.** plateado; **4.** blancuzco; **5.** dorado; **6.** azulado; **7**. rosado/rosáceo; **8.** negruzco; **9.** anaranjado; **10.** pajizo; **11.** amarillento; **12.** grisáceo.

1.2. **1.** g; **2.** d; **3.** e; **4.** a; **5.** i; **6.** b; **7.** j; **8.** f; **9.** c; **10.** h.

1.3. **1.** negativo; **2.** negativo; **3.** positivo; **4.** positivo; **5.** negativo; **6.** positivo; **7.** negativo; **8.** negativo.

1.4. **1.** puso verde; **2.** estoy sin blanca; **3.** me ha dado luz verde; **4.** me he quedado en blanco; **5.** me pongo morada; **6.** está como una rosa; **7.** las pasé moradas; **8.** tiene la negra; **9.** es un marrón.

1.5. Respuesta libre.

1.6. **1.** a; **2.** b; **3.** c; **4.** b; **5.** c; **6.** a; **7.** c; **8.** c.

1.7. **1.** c; **2.** a; **3.** a; **4.** c; **5.** a; **6.** c; **7.** a; **8.** c.

1.8. **1.** hubiera pasado/pasara; **2.** he explicado; **3.** quieras; **4.** me conociera; **5.** pone; **6.** te he dicho; **7.** pueda; **8.** me escucharas; **9.** estuviera.

1.9. **1.** me puse a llorar; **2.** me pondré a trabajar; **3.** se echó a correr; **4.** me puse a ver; **5.** se echó a reír; **6.** se echó a llorar; **7.** me pondré a estudiar; **8.** ponerme a trabajar; **9.** se echó a llorar; **10.** me puse a temblar.

1.10. **1.** se quedaron callados/en silencio; **2.** se había quedado calvo; **3.** me quedé, cojo; **4.** se quedó tranquila; **5.** se ha quedado ciega/sorda.

1.11. **1.** a; **2.** c; **3.** c; **4.** b; **5.** a; **6.** c; **7.** b; **8.** c.

Unidad 2 El proyecto

2.1. **1.** b; **2.** a.

2.1.1. **1.** c; **2.** b; **3.** c; **4.** a; **5.** b.

2.2. **1.** b. mantengan; **2.** d. utilizáramos; **3.** e. acercarnos; **4.** a. pueden; **5.** c. hablar.

2.3. **1.** b. le; **2.** a. para; **3.** b. eres; **4.** b. para; **5.** c. de; **6.** a. dan; **7.** b. eres; **8.** c. se.

2.4. **1.** en antena; **2.** acumulan; **3.** adivinada; **4.** ganados; **5.** se enfrentan; **6.** pistas; **7.** oponente; **8.** atípicas; **9.** acertar; **10.** bote; **11.** empataran.

2.5. **1.** pidiera, supieras, podría, se lo prestarías, se lo prestarías, pondrías, dirías; **2.** tuvieras, te pondrías, te sentirías, importaría; **3.** invitara, te enfadarías, le darías, hablarías, preguntarías; **4.** regalara, pensarías, le darías, comprarías; **5.** ofreciera, aceptarías, te fiarías, cogerías; aceptarías, se la pagarías.

2.6. Respuesta libre.

2.7. **1.** pienses, te guste; **2.** hagas; **3.** ir, vayamos; **4.** cenáramos; **5.** es; **6.** vuelva; **7.** tengan, escriban; **8.** te quemes; **9.** te enfades; **10.** pudiera; **11.** es; **12.** se pusiera.

2.8. **1.** imperfecto de subjuntivo; **2.** costar un riñón; **3.** a; **4.** b; **5.** bombilla; **6.** dar; **7.** a; **8.** modesto/a; **9.** erradicar; **10.** enchufe; **11.** quejas; **12.** tener un sueño espantoso/terrible; **13.** falso; **14.** criticón; **15.** presente de subjuntivo; **16.** parque de atracciones; **17.** hablar mucho; **18.** hígado; **19.** adelgazar; **20.** obligación o necesidad; **21.** sustancia amarillenta y dulce que producen las abejas; **22.** verdadero; **23.** costar; **24.** te sintieras.

Unidad 3 Relaciones personales

3.1. **1.** A Cenicienta le hubiera gustado que su madrastra la quisiera más y la tratara como a una hija; **2.** A la madrastra de Blancanieves le habría apetecido ser la mujer más bella del mundo; **3.** El lobo habría deseado comerse a los tres cerditos; **4.** Caperucita hubiera querido que su abuela viviera más cerca; **5.** A Gepeto le habría encantado tener un hijo; **6.** A Cenicienta le hubiera gustado llevar unos zapatos más cómodos y menos pesados.

3.2. **1.** a; **2.** b; **3.** c; **4.** b; **5.** a; **6.** b; **7.** c.

3.3. **1.** Estimado señor/a; **2.** Le escribo en referencia (a); **3.** A la espera de sus noticias; **4.** Hola; **5.** ¿Qué tal?; **6.** Te escribo por lo; **7.** Besos; **8.** Queridos; **9.** Nos vemos pronto; **10.** Estimados; **11.** En relación (a); **12.** Sin otro particular, les saluda atentamente.

3.4. **1.** es que estás más sordo que una tapia; **2.** se puso como un energúmeno; **3.** come como una lima; **4.** Eres más vaga que la chaqueta de un guardia; **5.** es más agarrado que un chotis; **6.** Llegó borracho como una cuba; **7.** fumas como un carretero; **8.** Es más lento que el caballo del malo.

3.5. **1.** e, A; **2.** f, C; **3.** a, F; **4.** d, D; **5.** b, E; **6.** c, B.

3.5.1. **1.** Eres de un bobo tal, que te estrangularías con un teléfono sin cable; **2.** Era un tío tan gafe, tan gafe, que se sentó en un pajar y se pinchó con la aguja; **3.** Era una iglesia que estaba tan lejos, tan lejos, que por no ir, no iba ni Dios; **4.** Eres de un desgraciado tal, que haces llorar a las cebollas; **5.** Era un hombre tan delgado, tan delgado, que se ponía un traje de mil rayas y le sobraban 999; **6.** Era un niño tan feo, tan feo, que su madre en vez de darle el pecho le daba la espalda.

3.6. **1.** G; **2.** D; **3.** C; **4.** E; **5.** B; **6.** F; **7.** A.

3.6.1. **1.** V; **2.** F; **3.** V; **4.** F; **5.** V.

3.6.2. **A.** 6; **B.** 7; **C.** 5; **D.** 4; **E.** 3; **F.** 2, **G.** 1.

3.7. **1. Intención comunicativa:** cuenta cómo es la llegada del invierno. **Tipo de texto:** descriptivo. **Tipo de lenguaje:** abundancia de adjetivos; **2. Intención comunicativa:** argumenta contra la democracia. **Tipo de texto:** argumentativo. **Tipo de lenguaje:** abundancia de sustantivos.

3.8. Respuesta abierta.

3.9. **1.** Toledano, **2.** López, **3.** González, **4.** Martorell, Etxeberria, Pereira; **5.** Expósito; **6.** Charo.

Q	A	V	A	A	R	N	T	D	Q	O	M	I	T	Ó	N	J	R
G	O	N	Z	Á	L	E	Z	O	C	H	A	R	O	R	U	E	Í
P	T	R	Ó	U	F	T	E	T	E	P	R	O	B	E	F	X	D
B	E	S	V	R	T	Q	E	O	E	Ó	T	I	E	V	B	P	S
S	I	R	S	C	I	U	E	L	T	R	O	U	A	E	U	Ó	N
I	N	E	E	O	L	Ó	P	E	Z	P	R	M	T	N	S	S	I
M	M	D	G	I	U	M	C	D	F	E	E	Q	A	D	D	I	M
I	U	Í	E	N	R	S	E	A	R	S	L	U	T	E	Á	T	U
L	T	P	D	Á	Q	A	O	N	E	F	L	R	L	L	M	O	S
I	S	E	I	S	U	D	T	O	M	D	I	Ó	R	I	K	A	E
E	T	X	E	B	E	R	R	I	A	L	D	P	T	U	I	E	P

Unidad 4 El éxito

4.1. **1.** hubiera dicho; **2.** pudiera; **3.** hubiera sido; **4.** dudes; **5.** tuviera; **6.** habría/hubiera ido; **7.** conduzcas; **8.** pasaría; **9.** llueve; **10.** habría/hubiera cambiado.

4.2. **1.** Si lo hubiera sabido, no habría ido; **2.** Si no trabajara, me apuntaría; **3.** Si sigues así, te pondrás enferma; **4.** Si pudiera, cancelaría la cita; **5.** Si quieres comer bien, prueba la comida del norte; **6.** Si no hubiera estado enferma, hubiera ido.

4.3. Respuesta abierta.

4.4. **Diálogo 1:** 1, 9, 17, 6, 15; **Diálogo 2:** 3, 11, 13, 18; **Diálogo 3:** 8, 5, 4; **Diálogo 4:** 10, 12, 16, 7, 14, 2.

4.5. **1.** c; **2.** i; **3.** g; **4.** l; **5.** f; **6.** k; **7.** j; **8.** a/e; **9.** b; **10.** a/e; **11.** m; **12.** h; **13.** d.

4.5.1. **1.** b; **2.** a; **3.** a; **4.** b; **5.** a; **6.** a; **7.** a; **8.** a.

4.6. **1.** f; **2.** h; **3.** g; **4.** d; **5.** i; **6.** a; **7.** c; **8.** b; **9.** e.

4.7. **1.** eches más leña al fuego; **2.** la bronca que me echó; **3.** me echaba (mucho) de menos; **4.** va a echar el tiempo encima; **5.** me eches en cara esto; **6.** nos hemos echado para atrás; **7.** echa chispas; **8.** echarme una mano; **9.** he echado en falta.

4.8. Respuesta abierta.

4.9. **1.** merecerlo; **2.** sorprenderá; **3.** locura; **4.** valor; **5.** fama; **6.** miedos; **7.** buena suerte; **8.** diccionario; **9.** enemigos; **10.** fracaso; **11.** perseverancia; **12.** esfuerzo.

4.10. **1.** c; **2.** a; **3.** d; **4.** b.

4.11. a.

Unidad 5 Geografías

5.1. **1.** anticiclón, temperaturas, despejados; **2.** cielos, cubiertos, borrasca; **3.** chaparrón; **4.** vientos; **5.** brumas; **6.** precipitaciones, nieve; **7.** granizo.

5.2. **1.** Clima mediterráneo; **2.** Tundra; **3.** Latitud; **4.** Selva tropical húmeda; **5.** Clima desértico; **6.** Altitud; **7.** Clima tropical; **8.** Selva tropical húmedo.

5.3. **1.** Ha llovido mucho desde entonces; **2.** aguantar el chaparrón; **3.** va viento en popa; **4.** en el ojo del huracán; **5.** luchando contra viento y marea; **6.** como quien oye llover; **7.** sabe a rayos.

5.4. **1.** bahía, río, estrecho, lago; **2.** desierto, llanura, meseta; **3.** cordillera (el pico de una cordillera), volcán; **4.** estrecho; **5.** glaciar (a veces un río y un lago); **6.** cataratas.

5.5. **1.** extraordinariamente húmedo; **2.** una maravilla, bonita/impresionante/bellísima; **3.** fascina; **4.** incluso pueden acompañarte; **5.** Los Picos de Europa son escarpadísimos; **6.** es impresionante/grandioso/una maravilla, incluso puede cegarte.

5.6. **1.** a; **2.** a; **3.** a; **4.** b; **5.** b.

5.7. **Posibles respuestas: 1.** Estoy de... soy...; **2.** Soy de... Mi ciudad está en..., está cerca de..., está en la costa...; **3.** Es la capital, es una ciudad histórica, es un pueblo turístico...; **4.** Sí, ahora también es.../también estamos en invierno/verano/otoño. No allí ahora es primavera/están en primavera; **5.** La mayoría de los edificios son de ladrillo/piedra...; **6.** La fiesta grande es el 1 de abril, el 5 de mayo es el día de la ciudad; **7.** Está dividido/a en tres barrios: el primero está situado en el este...; **8.** En 1873 fue nombrada capital. En el 803 fue invadida por pueblos bárbaros.

5.8. **Ser:** 2, 3, 4, 7, 10, 12, 13; **Estar:** 1, 5, 6, 8, 9, 11.

5.8.1 **1.** 8; **2.** 4; **3.** 5; **4.** 2; **5.** 3; **6.** 9; **7.** 6; **8.** 7; **9.** 10; **10.** 12; **11.** 11; **12.** 13; **13.** 1.

5.9. **1.** Me quedé; **2.** me convertí; **3.** Me pongo; **4.** te hagas; **5.** se ha vuelto; **6.** Me hice; **7.** se ha convertido; **8.** me quedo; **9.** me pongo; **10.** se ha vuelto.

5.10. **1.** peluquero/a, millonario/a, viejo/a, vegano; **2.** morado/a, rubio/a; **3.** inflexible, loco/a; **4.** judaísmo, millonario; **5.** sin palabras, petrificado/a, de hielo.

Unidad 6 Literatura y arte contemporáneo

6.1. **1.** a/b; **2.** f; **3.** a/b; **4.** e; **5.** d; **6.** c.

6.2. **1.** b; **2.** c; **3.** b; **4.** c; **5.** c; **6.** a.

6.3. **1.** Nostalgia.

6.4. **1.** torrenciales; **2.** derrochadora; **3.** ardua; **4.** copiosa; **5.** exhausto; **6.** suculenta; **7.** basta; **8.** huracanado; **9.** inminente; **10.** vasto.

6.5. **1.** basta; **2.** suculenta, copiosa; **3.** inminente; **4.** torrencial; **5.** derrochadoras; **6.** ardua; **7.** vasta; **8.** exhausto; **9.** huracanado; **10.** copiosas; **11.** vasta.

6.6. **1.** **a.** el cual/que, **b.** cuya, **c.** quienes, **d.** cuya, **e.** en la que/donde, **f.** en la que; **2.** **a.** que/el cual, **b.** los que, **c.** los cuales, **d.** en el que, **e.** al que, **f.** quien; **3.** **a.** la cual/que, **b.** quien, **c.** en el que, **d.** cuya.

6.6.1 **1.** V; **2.** F; **3.** F; **4.** V; **5.** V; **6.** F; **7.** F; **8.** V;**9.** F; **10.** F.

6.7. **1.** Cuando se despertó, el dinosaurio ya no estaba allí; **2.** Diego no conocía la mar. El padre, Santiago Kovadloff, lo llevó a descubrirla. Viajaron al sur. Ella, la mar, estaba más allá de los médanos, esperando. Cuando el niño y su padre alcanzaron por fin aquellas cumbres de arena, después de mucho caminar, la mar estalló ante sus ojos. Y fue tanta la inmensidad de la mar, y tanto su fulgor, que el niño quedó mudo de hermosura. Y cuando por fin consiguió hablar, temblando, tartamudeando, pidió a su padre: ¡Ayúdame a mirar!; **3.** El drama del desencantado que se arrojó a la calle desde el décimo piso, y a medida que caía iba viendo a través de las ventanas la intimidad de sus vecinos, las pequeñas tragedias domésticas, los amores furtivos, los breves instantes de felicidad, cuyas noticias no habían llegado nunca hasta la escalera común, de modo que en el instante de reventarse contra el pavimento de la calle había cambiado por completo su concepción del mundo, y había llegado a la conclusión de que aquella vida que abandonaba para siempre por la puerta falsa valía la pena de ser vivida; **4.** Hubo una vez un Rayo que cayó dos veces en el mismo sitio, pero encontró que ya la primera había hecho suficiente daño, que ya no era necesario, y se deprimió mucho; **5.** Un *cronopio* pequeñito buscaba la llave de la puerta de calle en la mesa de luz, la mesa de luz en el dormitorio, el dormitorio en la casa, la casa en la llave. Aquí se detenía el cronopio pues para salir a la calle precisaba la llave de la puerta; **6.** Las dos hijas del Gran Compositor, seis y siete años, estaban acostumbradas al silencio. En la casa no debía oírse ningún ruido, porque papá trabajaba. Andaban de puntillas, en zapatillas, y solo a ráfagas, el silencio se rompía con las notas del piano de papá. Y otra vez silencio. Un día, la puerta del estudio quedó mal cerrada, y la más pequeña de las niñas se acercó sigilosamente a la rendija; pudo ver como papá, a ratos, se inclinaba sobre un papel, y anotaba algo. La niña más pequeña corrió entonces en busca de su hermana mayor. Y gritó, gritó por primera vez en tanto silencio: ¡La música de papá, no te la creas...! ¡Se la inventa!

6.8. Respuesta abierta.

Unidad 7 Vidas alternativas

7.1. **Modales:** 3, 5, 9, 10, 14, 16, 20; **Comparativas:** 1, 7, 11, 12, 13; **Consecutivas:** 2, 4, 6, 8, 15, 17, 18, 19.

7.2. **1.** por la cara; **2.** chungo; **3.** mola; **4.** mosqueada, echar la charla a unos compañeros de trabajo, se pongan las pilas; **5.** buen rollo, me pone las pilas; **6.** chungo, mal rollo.

7.3. **1.** consumo responsable; **2.** comercio justo; **3.** desarrollo sostenible.

7.3.1. **1.** F; **2.** V; **3.** V; **4.** V; **5.** F; **6.** F; **7.** F.

7.4. **1.** a; **2.** b; **3.** c; **4.** b; **5.** a; **6.** c; **7.** c; **8.** a; **9.** b; **10.** c.

7.5. **1.** siguió callado; **2.** dejé dicho; **3.** Dio por hecho; **4.** llevo escritas/tengo escritas; **5.** se verá forzado; **6.** quedará decidido; **7.** estar terminada; **8.** Tengo planeado; **9.** van bordadas/están bordadas; **10.** deja agotado/a.

7.6. **Grupo 1:** b; **Grupo 2:** c; **Grupo 3:** b; **Grupo 4:** b; **Grupo 5:** c; **Grupo 6:** a.

7.6.1. **1.** En las frases *a* y *c* "como" tiene un significado condicional de amenaza y en la frase *b* condicional de advertencia; **2.** En las frases *a* y *b* "como" tiene valor causal y en la *c* condicional de advertencia; **3.** En las frases *a* y *c* "como" tiene un valor modal siendo la información conocida y en *b* valor causal; **4.** En las frases *a* y *c* "como" tiene un valor comparativo y en la *b* causal; **5.** En las frases *a* y *b* "como" tiene un valor comparativo de advertencia, y en la frase *c* causal; **6.** En las frases *b* y *c* "como" tiene un valor modal con antecedente desconocido y en la frase *a* tiene valor modal con antecedente conocido.

Unidad 8 Frente al televisor

8.1. **1.** a; **2.** g; **3.** h; **4.** d; **5.** b; **6.** f; **7.** e; **8.** j; **9.** i; **10.** c.

8.1.1. **1.** adjuntar un archivo; **2.** enviados especiales; **3.** tener mucha audiencia; **4.** se baja películas; **5.** los culebrones; **6.** me pierdo; **7.** colgar; **8.** estoy enganchando/a; **9.** corresponsales; **10.** concursante.

8.2. **1.** Tener un ligue; **2.** Me gustas; **3.** Amigo íntimo; **4.** Reunión de vecinos; **5.** Reunión de antiguos alumnos; **6.** Echar de menos; **7.** Seducir; **8.** Romper una relación; **9.** Enrollarse con alguien.

8.3. **1.** g (pijo); **2.** a (una chuleta); **3.** b (un jeta); **4.** d (tengo pasta), h (curro); **5.** e (mola); **6.** k (un muermo); **7.** f (facha); **8.** j (calimocho); **9.** i (un rollo); **10.** c (maruja eres).

8.4. **1.** ¡Venga!/tranquilizar y consolar/animar; **2.** Te recuerdo.../animar/advertir; **3.** Todo tiene solución/advertir/tranquilizar y consolar.

8.4.1. Respuesta abierta.

8.4.2. Respuesta abierta.

8.5. **1.** -ecito/a; **2.** En América; **3.** b; **4.** -ico/-illo; **5.** **a.** afectivo, **b.** despectivo, **c.** afectivo.

8.6. **1.** d; **2.** b; **3.** f; **4.** a; **5.** e; **6.** c.

8.6.1. **a.** historieta; **b.** callejón; **c.** redecilla; **d.** langostino; **e.** camilla; **f.** salchichón.

8.7. **1.** adj.; **2.** conj.; **3.** f.; **4.** inf.; **5.** pl.; **6.** pron.; **7.** vulg.; **8.** adv.; **9.** m.; **10.** prep.

8.8. **1.** muere; **2.** universidades; **3.** el sillón; **4.** cenizas; **5.** guías; **6.** humana; **7.** en relación con; **8.** con; **9.** escritura; **10.** discos; **11.** ejemplares; **12.** vibraciones; **13.** varones, hombres.

8.9. **1.** carro, banqueta, chela; **2.** pollera, vidrieras, negocio; **3.** saquito; **4.** aura.

8.9.1. **1.** d; **2.** h; **3.** a; **4.** b; **5.** g; **6.** e; **7.** c; **8.** f.

Unidad 9 El tiempo pasa

9.1. **1.** convocar; **2.** campaña electoral; **3.** programa electoral; **4.** papeletas; **5.** urnas; **6.** abstención; **7.** jornada de reflexión; **8.** escaños.

9.2. **1.** Pienses como pienses/Pienses lo que pienses; **2.** Estés donde estés/Estés como estés; **3.** Pese a quien pese; **4.** Caiga quien caiga/Caiga donde caiga; **5.** Trabaje como trabaje/Trabaje donde trabaje; **6.** Digan lo que digan/Lo diga quien lo diga/Lo diga como lo diga; **7.** Sea como sea/Sea donde sea/Sea lo que sea/Sea quien sea.

9.3. **1.** Trabajes donde trabajes, recibirás un aumento de sueldo; **2.** Sea quien sea el ganador, nuestro objetivo es el bien común; **3.** Pienses lo que pienses/Pienses como pienses, no dejes de votarnos porque no te defraudaremos; **4.** Estés donde estés, nuestras prestaciones sociales llegarán a ti; **5.** Digan lo que digan, nuestro programa es el mejor; **6.** Reformaremos el sistema financiero, caiga quien caiga; **7.** Ganaremos sea como sea; **8.** No privatizaremos los servicios públicos, pese a quien pese.

9.4. **1.** Caiga donde caiga; **2.** Lo diga como lo diga; **3.** Trabaje como trabaje; **4.** Sea donde sea; **5.** estés como estés.

9.5. **1.** ve; **2.** estés, **3.** quieras; **4.** dísela; **5.** salgas; **6.** diga; **7.** pídela, **8.** se enfade.

9.6. **1.** a) después, 1) se legalizara, 2) se celebraron las primeras elecciones democráticas después de casi cuarenta años; **2.** b) Al mismo tiempo que, 3) entran, 4) llega al poder Fidel Castro; **3.** c) después, 5) muere Ernesto Che Guevara; **4.** d) entretanto, 6) empezó a cobrar fuerza; **5.** e) Nada más, 7) el general se exilió a Francia; **6.** f) Una vez, 8) se realizaron nuevas elecciones en 1911.

9.7. **1.** Se coronó; **2.** Se legalizó; **3.** Se celebraron; **4.** Se aprobó; **5.** fue elegido; **6.** fue aprobada; **7.** fueron desapareciendo; **8.** fueron llevados a cabo.

9.8. **1.** No, lo que ocurrió el 23 de febrero fue el asalto al Congreso; **2.** No, las primeras elecciones las ganó Adolfo Suárez; **3.** Lo que se aprobó fue la Constitución; **4.** Lo que se firmó fueron los Acuerdos de Paz; **5.** Lo que caracterizó a América Latina en esa época fueron los regímenes autoritarios; **6.** La fundó Abimael Guzmán.

9.9. **1.** e; **2.** g; **3.** f; **4.** b; **5.** d; **6.** c; **7.** a.

9.10. Eludir una crisis / un problema; Desplomarse los mercados / los precios / las inversiones; Encarecerse la vida / los precios; Contagiar una enfermedad; Ahorrar dinero / energía; Aumentar la morosidad / el gasto; Priorizar en inversiones.

9.11. **1.** c; **2.** f; **3.** d; **4.** b; **5.** g; **6.** e; **7.** a.

Unidad 10 Última etapa

10.1. **1.** a; **2.** b; **3.** a; **4.** a; **5.** b; **6.** a; **7.** a; **8.** a.

10.2. **1.** ¿Es cierto que en nuestra sociedad la gente está cada vez menos feliz?; **2.** ¿Qué explicación le da a esto?; **3.** ¿Cuál es su receta para la felicidad?; **4.** ¿Qué opinión le merecen los libros de autoayuda?

10.2.1. **1.** F; **2.** V; **3.** V; **4.** V; **5.** V; **6.** F; **7.** F; **8.** V.

10.3. **1.** conferencias; **2.** noticias; **3.** estándar; **4.** artículos; **5.** contemporáneos; **6.** fluidez; **7.** nativos; **8.** debates; **9.** especialidad; **10.** inconvenientes; **11.** intereses; **12.** refuten.

10.4. **1.** b; **2.** c; **3.** a; **4.** b; **5.** a.

10.5. **Contexto formal:** 1, 5, 6. **Contexto coloquial:** 2 3, 4, 7.

10.6. **1.** a; **2.** b; **3.** a; **4.** b; **5.** Pretende identificar los aproximadamente 30 000 genes en el ADN humano; **6.** 1. melena; 2. flequillo; **7.** a; **8.** b; **9.** b; **10.** Porque el calendario gregoriano adelanta cerca de medio minuto cada año. Este error se va acumulando hasta llegar a un desajuste de un día cada 3300 años; **11.** presente de subjuntivo; **12.** b; **13.** curro; **14.** b; **15.** a; **16.** a; **17.** Vino con Coca-Cola; **18.** b; **19.** b; **20.** b.

I Unidad 1. El siglo XX a escena

[1] 1. Rosáceo, grisáceo, verdoso, negruzco, blancuzco, blanquecino, rojizo, pajizo, plateado, dorado, rosado.
2. Azulado, amarillento, anaranjado.
3. Gris perla, verde pistacho, verde botella, verde manzana, azul cielo, azul marino, azul turquesa, azul eléctrico, amarillo limón, amarillo canario, rosa chicle, rosa palo, rojo chillón.

[2] Se ha dicho que la formación artística no es una asignatura imprescindible en la Enseñanza Secundaria.

El arte estimula la capacidad de aprendizaje, dado que a través de este se trabajan habilidades diferentes a las de tipo lógico sobre las cuales está basada la educación tradicional. Se ha acumulado evidencia acerca de que el arte ayuda al aprendizaje en áreas específicas tales como lectura, escritura y creatividad.

No olvidemos que el pensamiento creativo se desarrolla a través de las artes, y en caso de ser estimulado a temprana edad, permanece durante largo tiempo en el individuo y puede ser aplicado a diferentes ámbitos de la vida.

Para empezar, las artes pueden tener también un impacto poderoso en los ambientes educativos, convirtiendo el aula en un entorno estimulante, y llegar a estudiantes que no son estimulados a través de otros métodos. Asimismo, es capaz de conectar a los estudiantes con ellos mismos y los demás, e incluso constituye un desafío y fuente de motivación para aquellos estudiantes que ya son destacados.

Un estudio del Departamento Federal de Educación de Estados Unidos ha constatado que las artes ayudan a desarrollar habilidades específicas. El dibujo ayuda a la escritura, las canciones y la poesía ayudan a la memorización y los movimientos creativos ayudan a entender otras culturas, sus historias, símbolos, mitos, valores y creencias.

Es evidente que no se puede afirmar que la integración del arte en nuestras escuelas lleve al éxito seguro, no cabe pensar sino en tantos artistas que han sufrido fracaso escolar.

Por otra parte, se puede observar que el poco valor que muchos sistemas escolares dan a la educación artística se transmite a la sociedad, por lo que muchas veces, los alumnos interesados en el arte son menospreciados por sus compañeros, lo que puede hacer que se pierdan futuros genios de esta disciplina.

El arte como asignatura es fundamental, aunque habrá que convencer a la sociedad de su utilidad.

En resumen, el aprendizaje ocurrido en contextos donde se desarrollan actividades artísticas genera experiencias significativas que cargan de interés el contenido de lo aprendido. Si se da más valor al arte dentro del sistema escolar, los resultados tendrán implicaciones para este y para la vida fuera de la escuela.

[3] Igual que en un escenario finges tu dolor barato,
tu drama no es necesario, ya conozco ese teatro.
Mintiendo, ¡qué bien te queda el papel!,
después de todo parece que esa es tu forma de ser.
Yo confiaba ciegamente en la fiebre de tus besos,
mentiste serenamente y el telón cayó por eso.
Teatro, lo tuyo es puro teatro,
falsedad bien ensayada, estudiado simulacro.
Fue tu mejor actuación destrozar mi corazón
y hoy que me lloras de veras,
recuerdo tu simulacro
perdona que no te crea, me parece que es teatro.

[4]

Secretaria rubia: ¡Poner a una filósofa de Gran Jefe Adjunto, una colgada, ay, adónde iremos a parar, he pensado, yo calladita, punto en boca, claro, sin decirle nada a la morena, claro, que apuesto lo que sea a que mañana mismo será nombrada Jefa de Selección de Personal por la vía directa, que todo el mundo sabe que esas dos se defienden la una a la otra y son carne y uña y van juntas a todas partes; ay, ahora sí que estás lista, he pensado, ay, pobre de mí y de mi amiga (eso de amiga va por ti, cariño, va por ti) con la manía que nos tiene la filósofa, ay, que nos pondrá de patitas en la calle, etcétera etcétera, y al ir a mi despacho a reponerme del susto, me encuentro al Informático, al guapo, al soseras, con la cara desencajada, sucio, maloliente, la mirada desviada, bizco vaya, ¡ay ay ay ay ay otro que se ha vuelto loco!, yo, entonces, para animar la cosa y hacer alguna bromita que en estos casos siempre queda bien y desdramatiza la cosa, le digo, pero, ¿dónde va con esa pinta, con esa cara?, parece que venga de un entierro; y él va y me arrea un bofetón tan fuerte, tan espantoso, que me he mordido la lengua y mira, nena, mira qué ampolla me ha salido en la punta; y después se larga gritando como un histérico... Y luego me entero de que su mujer ha sido asesinada... Entonces me acuerdo de lo que me dijiste el otro día y me da un ataque a mí y me pongo a chillar histérica como una cerda y he ido a buscarte para decirte: nena, necesito hablar contigo y desahogarme, y esto es lo que quería decirte: me parece que es verdad lo que me dijiste y me muero de miedo.

Secretaria pelirroja: ¿Qué dije?

Secretaria rubia: ¡Que se acerca un cataclismo!

[5] Airado, confundido, asombrada, vacilante, se agacha, avergonzado, gimiendo, molesta, despectivo, inclinándose, se reclina, petrificado, risueño, se tumba, cínico, se detiene, cruza las piernas, encogiéndose de hombros, poniéndose de pie, dando la espalda, solemne, levantando su copa, se adelanta, cruzando los brazos, arrodillándose, tajante, con aire satisfecho, temerosa, nostálgico, pensativa.

[6] **DESEAR SUERTE.** No hay artista que acepte que le deseen buena suerte antes de una función. Paradójicamente, prefieren que se les diga: ¡mucha mierda! El origen de ello se remonta a la época en la que la gente iba a caballo a las representaciones. El ver excrementos de este animal en la puerta era sinónimo de éxito.

SILBAR. Los actores piensan que silbar mientras se cruza el escenario puede provocar a los malos espíritus. También consideran un mal presagio que alguien les llame por el nombre del personaje fuera de escena.

VESTIR DE AMARILLO. Desde que Molière muriera tras representar *El enfermo imaginario* vestido de amarillo, los actores jamás utilizan este color.

AGOTAR LOS COSMÉTICOS. Que durante la sesión de maquillaje previa a la función se agoten los cosméticos, es señal de una desgracia segura. Quizá por ello los camerinos están siempre repletos de cajas de maquillaje a medio usar.

MIRAR AL PÚBLICO. Para evitar la mala suerte antes de la función, los actores observan el patio de butacas a través de una mirilla abierta en el centro del telón.

2 Unidad 2. El proyecto

[7] 1. Sin duda, mi concurso favorito es *¿Quién quiere ser millonario?* Este programa se originó a finales de los noventa en el Reino Unido con la versión en inglés titulada *Who wants to be a millonaire?* A partir de ahí se ha emitido en más de cien países, entre ellos la India, donde se filmó la famosa película *Slumdog Millionaire* cuyo protagonista era un concursante de ese espacio tele-

visivo. Me gusta participar desde mi casa, medir mis conocimientos a través de las preguntas que hacen. ¡Uf! ¡Cómo me gustaría ir a la tele! Pero, claro, veo que nunca llegó a acertar ni la mitad... Mira, hay un único concursante que debe responder a 15 preguntas de las que tiene cuatro posibles respuestas, el nivel de dificultad va creciendo y dispone de tres comodines para utilizar. El premio es una cantidad de dinero que puede llegar a un millón de euros.

2. Cuando era más joven me gustaba mucho un concurso que se llamaba *El precio justo*, en España fue muy famoso en los noventa. Me acuerdo que se hizo muy popular la frase "¡A jugar!". acompañada de un gesto con el brazo que hacía su presentador. Este programa era una versión del original estadounidense *The price is right* que se creó en 1956. Me fascinaba la capacidad de la gente para calcular el valor de los productos, porque en eso consistía el concurso. Había tres fases, la primera con nueve concursantes, la segunda con seis y finalmente el "escaparate final" con solo dos. Los concursantes competían por ganar dinero pujando por el precio de algunos productos. Al final para conseguir el último premio de gran valor: un coche, una casa, un viaje... es imprescindible acertar su valor, gana el concursante que más se aproxima sin pasarse del precio.
3. Mi concurso favorito es *Pasapalabra*, no me lo pierdo ningún día, especialmente la parte final. ¿Lo conoces? Su formato está basado en el original británico *The Alphabet Game*. Colombia y Argentina tienen sus propias versiones. En España es el concurso que ha entregado el premio más alto de toda la historia de la televisión, más de dos millones de euros, ¡guau! En cada programa el premio son mil doscientos euros y la posibilidad de volver. Hay dos concursantes que hacen varias pruebas, ayudados por dos famosos, para acumular segundos para "el rosco", que es la prueba final. Hay un círculo con 25 letras y los concursantes tienen que adivinar palabras con esas letras a través de su definición. Si las aciertan todas ganan además el bote, que se va haciendo con seis mil euros por cada día que no se lo llevan. Creo que es dificil hacer el rosco entero porque muy pocas personas lo consiguen.
4. Cuando oigo la palabra concurso me viene a la cabeza *Un, dos, tres... responda otra vez*. La primera vez que se emitió en España yo era pequeña, tenía que ser la década de los setenta. Recuerdo que era los viernes y que como no había tele en todas las casas, nos reuníamos varias familias para verlo. Este programa nació en Televisión Española, pero luego tuvo diferentes versiones en otros países. Lo novedoso es que combinaba diferentes tipos de pruebas. En una primera parte había tres parejas que tenían que responder a preguntas que tenían relación con lo cultural. Después había pruebas de habilidades fisicas y finalmente una pareja tenía la opción de pasar a lo que se llamaba la subasta para ganar un premio, que según su suerte podía ser un coche o solo una figura de la mascota del programa, una calabaza llamada *Ruperta*. En esta última parte se potenció el espectáculo con números musicales y humorísticos. Era un concurso para toda la familia, de esos que ya no se hacen...
5. ¿Sabes que una vez participé en un concurso de la tele? Yo tenía unos once años y en *La ruleta de la suerte* grabaron un especial para Navidad de hermanos gemelos. Fui con mi hermana y ganamos algunos premios. Aunque solo sea por esta experiencia, creo que este es mi concurso preferido. Los concursantes tienen que adivinar las frases que se ocultan tras un panel diciendo consonantes y comprando vocales si han acumulado suficiente dinero para ello. En este concurso hay una enorme ruleta que hacen girar los tres contrincantes, la suerte decide lo que van a ganar en caso de decir una consonante correcta. Hay un bote, que es una posibilidad en la ruleta, si el concursante cae en este espacio y acierta en su turno, se lo lleva. Fue el primer programa de entretenimiento de una televisión privada en España, allá en el año 1990. Su origen está en Estados Unidos con el programa *Wheel of Fortune*.
6. A mí me van más los concursos culturales, veo siempre que puedo *Saber y ganar*. Es uno de los concursos más veteranos en la televisión española. Su antecesor fue otro concurso de hace más de veinte años que se llamaba *El tiempo es oro*. Cada día compiten tres concursantes que deben responder correctamente a preguntas de cultura general en diversas pruebas. Una de las pruebas más dificiles es para el concursante clasificado en segundo lugar, consiste en realizar varias operaciones de cálculo mental en un tiempo reducido. Si es capaz de hacerlo, puede conservar el dinero que ha ganado durante el concurso, si no, lo perderá todo.

[8]

Locutor: Buenos días, saludamos a Fernando Cerezo, si no concursante profesional, casi casi.
Fernando: Hola, buenos días.
Locutor: Fernando, tú tienes mucha experiencia en concursos de televisión, ¿podrías darnos algunos consejos para concursar?
Fernando: Bueno, la verdad es que cada concurso tiene sus peculiaridades, pero creo que hay un denominador común para poder llegar al casting: la simpatía.
Locutor: ¿Para todos los concursos en los que has participado o en algunos más?
Fernando: Quizá es especialmente importante para *La ruleta de la suerte*. La productora busca gente extrovertida, que no se corte ante las cámaras.
Locutor: Pues, dinos, ¿qué consejos le darías a ese oyente que está pensando en ir a concursar a *La ruleta de la suerte*?
Fernando: Que en la entrevista del casting se muestre abierto, agradable, que responda a todas las preguntas y procure crear un ambiente distendido donde las bromas tengan cabida.
Locutor: ¡Ah! ¡Qué interesante! ¿Y para concursar?
Fernando: No tan deprisa, todo necesita su preparación. Antes de ir, practica tu habilidad para identificar palabras viendo el programa y poniéndote en la piel de uno de los concursantes. Es importante que sigas el papel de solo uno para desarrollar tu capacidad de trazar estrategias. También es bueno practicar con crucigramas y el juego del ahorcado todo lo que puedas, desarrollará tu agilidad mental y tendrás más soltura el día del programa.
Locutor: ¡Perfecto! ¿Y en el programa?
Fernando: Una vez en el concurso, empieza por tratar de adivinar las palabras cortas y decir las consonantes que crees que contienen. Compra vocales, que te ayudará mucho.
Locutor: Muchas gracias, Fernando, por los consejos. Seguro que hay muchos oyentes que han estado tomando nota.
Fernando: ¡Ah! Y un último consejo: ¡disfruta todo lo que puedas!

3 Unidad 3. Relaciones personales

[9]

Montse: ¡Hombre Félix! ¡Vaya sorpresa!
Félix: ¡Moooontse! ¡Cuánto tiempo! ¡Me alegro muchísimo de verte! ¿Quéééééééé tal todo?
Montse: Estupendamente. Y tú, ¿qué tal?
Félix: Bueno, tirando.
Montse: ¿Y eso?
Félix: Ya sabes que mi padre está mayor y ha estado en el hospital ingresado, pero ya está bastante mejor gracias a Dios.
Montse: Pues dale un beso fuerte de mi parte.
Félix: Por supuesto, de tu parte. Bueno y tú, ¡cuenta!
Montse: Pues, nada, ¡que me voy a la Patagonia un mes con Diana, las dos solitas, de mochileras!
Félix: ¡Qué suerte!, ¡qué envidia me das! Debe de ser una pasada. Ya sabes, a mandarme unas fotitos, ¿eh?
Montse: Cuenta con ello. Bueno, que me voy corriendo al súper que me cierran.
Félix: Pues nada, que te lo pases fenomenal y ¡hasta la próxima!
Montse: Eso espero... y tú, ¡a cuidarte! y espero que se mejore tu padre. A la vuelta te llamo un día para quedar.
Félix: Genial, y así nos contamos. Me alegro de haberte visto. Mua mua.
Montse: Chao, y a ver si nos vemos pronto.

[10]

Entrevistadora: Hola, Juan Carlos. Me dicen que tienes dos de los apellidos más frecuentes en España, ¿es verdad?

Juan Carlos: Pues sí: García González. Se puede decir que tengo un típico nombre español, tan típico que cuando pido cita para el médico tengo que dar otros datos, como la fecha de nacimiento o la dirección... porque hay otros hombres que se llaman exactamente igual que yo.

Entrevistadora: Bueno, ya que eres un típico español nos gustaría comentar algunos comportamientos socioculturales contigo, ¿te parece bien?

Juan Carlos: Sí, claro.

Entrevistadora: ¿Qué hace una persona española cuando está cerca de la casa de un conocido y decide visitarlo sin haber sido invitado?

Juan Carlos: Bueno, cuando estás en el barrio de un conocido, lo normal es llamarle por teléfono a ver si está en casa y avisarle de tus intenciones de visitarlo. A nadie le agradan las visitas sorpresas en las que te pillan en pijama o la casa sin recoger. Prefieres tener tiempo para preparar todo. Otra cosa es que esa persona sea un amigo o familiar muy cercano, entonces no suele importarnos.

Entrevistadora: Tomamos nota. Y siguiendo con las visitas, ¿puedes ir a ver a un amigo a su casa de campo si no te ha invitado?

Juan Carlos: ¡Uf! Es difícil generalizar, pero la verdad es que cuando hay mucha confianza con alguien, el que tiene la casa suele decir cosas como: "Ya sabes que estás invitado siempre que quieras venir a mi casa". En esos casos, lo normal es que la persona que quiere ir pregunte a su amigo si le parece buena idea que lo visite. En España mucha gente que vive en la ciudad tiene una segunda vivienda en el pueblo o en la playa y es frecuente recibir visitas de los amigos en ella. Por ejemplo, si yo tengo un apartamento en la playa, me parece normal que algún buen amigo me pregunte si puede ir.

Entrevistadora: Y entre vecinos, ¿hay cooperación?

Juan Carlos: Pues sí, nos solemos ayudar con pequeñas cosas como recoger una carta o un paquete si no estás en casa, dejar un poco de sal, harina, azúcar o cosas así, cuidar de tu hijo pequeño cuando sales a hacer un recado. Ya sabes, pequeños favores que hacen la convivencia más fácil.

Entrevistadora: En cuanto a celebraciones, ¿qué acontecimientos soléis celebrar en familia?

Juan Carlos: Sin duda, la Navidad. La mayoría de los españoles se juntan con su familia para cenar en Nochebuena y en Nochevieja. En el caso de parejas no muy mayores, suelen organizarlo para pasar un día con la familia de un miembro y otro con la del otro. También se reúne toda la familia para las bodas y para los bautizos y las comuniones, pero en estos casos menos gente, solo los familiares más directos: padres, hermanos, abuelos, primos...

Entrevistadora: Y, ¿qué pasa con los cumpleaños? ¿Se celebran en familia?

Juan Carlos: Pues la verdad es que depende. Los más jóvenes prefieren celebrarlo con sus amigos, pero los mayores con la familia. Cuando un abuelo o abuela cumplen años, solemos hacer una comida familiar. ¡Ah! Y también se hace con los niños.

Entrevistadora: ¿Se hacen regalos en los cumpleaños?

Juan Carlos: Sí, sobre todo a los niños. Con los adultos no me atrevo a generalizar, unos reciben siempre regalos y otros, depende. La verdad es que mucha gente decide hacer un regalo cuando hay un motivo más fuerte que un cumpleaños, puede ser porque necesitas algo o por agradecimiento hacia alguien.

Entrevistadora: ¿Qué haces cuando recibes un regalo?

Juan Carlos: Tienes que abrirlo inmediatamente mientras vas diciendo frases como: "Gracias, no tenías que haberte molestado" y "¿qué será?". Cuando ya está desenvuelto es normal decir que te encanta, aunque no sea verdad. Quien hace el regalo le restará importancia con frases como: "Es un detallito insignificante".

Entrevistadora: ¡Es todo un ritual! A ver, una última pregunta, ¿entabláis conversaciones con desconocidos? ¿En qué situaciones?

Juan Carlos: Depende del carácter de las personas, pero es sabido que suelen ser los mayores los que más ganas de charla tienen. Es frecuente que hablen contigo en el transporte público, en el ascensor o en la sala de espera del dentista. Normalmente no necesitan motivo para empezar la conversación, pero si se presenta algún problema, tendrán la excusa perfecta. También los españoles somos mucho de hablar con el carnicero, el camarero, el peluquero... Los temas son sin importancia, se suele hablar de lo cara que está la vida, del tiempo, de los sucesos recientes... Además, cuando vas habitualmente al mismo establecimiento terminas por entablar una relación bastante cercana con el dueño o los empleados. Así, no es raro ver a un cliente hablando con un camarero sobre su familia o su trabajo.

Entrevistadora: Muchas gracias por el retrato de la sociedad española que nos has hecho.

Juan Carlos: De nada, espero haberos sido de ayuda.

4 Unidad 4. El éxito

[11]

- ¡Anda!, ya estás aquí. Pasa. Si me hubieras avisado, te habría ido a buscar. –Se dan dos besos–. ¿Qué tal todo?
- Bien, un poco cansada... ¿Tú? ¿Qué hacías?
- Leyendo. –Le enseña la portada de libro que está leyendo.
- Venga, no irás a decirme que te crees esas cosas. –Lee la entradilla del libro–. Bueno, si fuera tan fácil, todos tendríamos trabajos fantásticos y mucho dinero, y seríamos felices.
- Pues no te rías. ¡Me da rabia no haber sabido antes que existía este libro!
- No me irás a decir que si lo hubieras leído, ahora las cosas te irían diferente.
- Pues sí, creo que sí, y a ti también.
- Si ahora mismo me aseguras que todo lo que dice es cierto, y que si leo ese libro, mis problemas desaparecen, en este mismo instante voy a la librería y compro otro ejemplar.
- Pues no lo sé... pero lo que no puedes negar es que si se tiene muy claro lo que se quiere y adónde se quiere llegar, todo es más fácil... Por ejemplo, si confiaras más en él... y en ti, seguramente tendríais más posibilidades de volver a ser felices.
- Vale, me rindo. Según ese libro, ¿qué debería hacer o haber hecho?
- ¿Quieres una lista? Pues no sé, pero siempre te quejas del estrés, de que todos los días llegas tarde al trabajo, de que no tienes tiempo para ti, de que ganas poco dinero... Siempre estás con que te gustaría adelgazar un poco, que no soportas tu barrio... Y, sin embargo, no haces nada por remediarlo. Por ejemplo, si te levantaras más pronto, llegarías a tu hora al trabajo y no tendrías que quedarte luego más tiempo y podrías aprovechar más la tarde para apuntarte a un gimnasio, o hacer lo que quieras. En cuanto al dinero, tuviste una gran oportunidad cuando Nuria te propuso que te fueras con ella a su empresa. Si te hubieras arriesgado, a lo mejor ahora estarías más satisfecha. Y si no te gusta donde vives, pues múdate.

[12]

1.

- Bueno, qué, ¿qué tal te ha caído?
- La verdad es que lo encuentro un poco rarito.
- Pues a mí me parece que no está nada mal.
- ¿Sí? ¿Lo dices en serio? Es un poco feíllo, tiene los ojos como un poco tristes. Parece que están como caídos.
- Por lo que veo, no te ha caído muy bien.
- Bueno, supongo que solo es la primera impresión.

2.

- Bueno, bueno, bueno, mira quién ha venido. ¿Qué tal?
- Bueno, tirandillo.
- Como que tirandillo, si me han dicho que no te va nada mal.
- Bueno, por lo visto en esta vida no se puede tener secretos. ¿Y por aquí, qué tal?
- Bueno, he tenido algunos problemillas, pero parece ser que todo se va arreglando.
- Pero, ahora estás mejor, ¿no?
- Bueno, la verdad es que hoy me pillas en un día un poco negativo...
- No te veo muy animado, ¿no?
- La verdad es que ando algo deprimidillo.

[13]

- Hola, Lourdes.
- Hola, Carmen. ¡Ya has vuelto de vacaciones! ¡Qué corto se me ha hecho!
- ¿Que se te ha hecho corto a ti? Pues imagínate a mí. Bueno, y ¿qué tal por aquí?
- Bien, pero me he acordado mucho de ti. Ay, amiga, cuánto te he echado de menos. No tenía a nadie.
- ¿No tenías a nadie para qué?
- Para desahogarme.
- Pero, ¿qué ha pasado?
- ¿Que qué ha pasado? Mejor di, que qué no ha pasado. Las cosas por dirección están que echan chispas, y es que parece ser que cuando se iba a cerrar aquel trato tan importante con INTACA, ¿te acuerdas?, pues estos en el último momento, no se sabe por qué, se echaron atrás... y el director culpa a nuestro queridísimo jefe, y hay rumores de que puede que le cambien de departamento, y de categoría... y hasta de sueldo.
- ¿Que hay rumores de qué?
- Lo que estás oyendo... Así es que te puedes imaginar cómo está, no hay quién lo aguante... Y el otro día me tocó a mí: me echó una bronca...
- ¿Que te echó una bronca, por qué?
- Pues me pidió que me quedara tres horas más, pero yo le dije que ya sabía que no podía, que tenía que ir a recoger a las niñas al colegio. Y se me puso a gritar y a decirme que él también tenía hijos y que nunca los había puesto como excusa para no trabajar.
- ¿Que te dijo qué? No me lo puedo creer.
- Pues sí, bonita, cuando le contesté que lo sentía pero que tenía que estar a las cinco en el colegio de las niñas, me miró y dijo: "¿Que tienes que estar a qué hora dónde?" y acto seguido empezó a echarme en cara todo lo que estaba haciendo por mí.
- Pero, ¿qué es lo que está haciendo por ti? ¿Acaso no se hizo el sordo cuando le pediste que te explicara por qué cobrabas menos que Germán?
- Shhhhhhhh, calla, que viene el pelotilla.
- ¿Que viene quién?

5 Unidad 5. Geografías

[14] 1. Buenos días, parece que por fin el temporal de lluvia y viento de estos últimos días está remitiendo. Un anticiclón que se acerca por el Atlántico sur nos traerá una subida de temperaturas. No obstante, todavía se espera inestabilidad en el tercio este, en las Islas Baleares habrá tormentas y es probable que granice. En la mitad norte peninsular habrá que sacar el paraguas puesto que se prevé algún chaparrón disperso. El día amanecerá con brumas sobre la costa cantábrica. En el resto del país los cielos estarán despejados y las temperaturas serán suaves.

2. Buenas tardes, las temperaturas han bajado, lo han hecho de forma notable en todo el país y han caído incluso algunas heladas débiles en zonas de montaña. Además sopla el viento del noroeste, lo que hace que la sensación térmica sea aún más baja. Esta situación se mantendrá varios días, ya que se acerca una borrasca por el Atlántico que nos dejará más frío y también precipitaciones. El día se presenta con cielos cubiertos y mañana el tiempo inestable se notará especialmente en puntos de Galicia y Asturias. Podrían caer las primeras nieves del Sistema Central por encima de los mil metros. La situación será diferente en el sur de la costa mediterránea donde lucirá el sol y habrá temperaturas primaverales.

[15]

Ángela: Patricia, ¿cuánto tiempo llevas viviendo en Dubái?

Patricia: El próximo mes hará cinco años y creo que voy a por cinco más.

Ángela: Me gustaría conocerlo porque todo el mundo habla de su transformación.

Patricia: Mira, hace tan solo unas décadas Dubái era un desierto, pero los hallazgos de petróleo lo convirtieron en una ciudad animada y tecnológicamente avanzada, tal como la conocemos hoy.

Ángela: Ha habido muchos proyectos de cambio, ¿verdad?

Patricia: Sí, y sus numerosos proyectos urbanísticos son un claro ejemplo de lo rápido que se puede cambiar una ciudad, sus horizontes se han vuelto prácticamente irreconocibles, donde solo había mar y arena hoy se levantan rascacielos, archipiélagos artificiales y atracciones de parques temáticos. Pero todo esto ha costado mucho dinero, solo para la construcción de *Dubailand* se han gastado 65 000 millones de dólares, que convertidos a euros son más de 50 000 millones. La verdad es que con todos estos cambios la antigua ciudad de Dubái se ha vuelto bastante artificial, aunque al mismo tiempo exclusiva.

Ángela: ¿Y todo esto por el petróleo?

Patricia: Bueno, aunque no cabe duda de que el emirato se hizo más rico y poderoso con el descubrimiento del petróleo, la realidad es que el principio de la prosperidad económica de Dubái se remonta al siglo XIX. En aquella época un jeque ya vio el potencial comercial de la bahía y estableció un puerto en ella que con el tiempo se convirtió en el más importante del Golfo Pérsico.

Ángela: Dubái hoy en día es uno de los destinos turísticos más atractivos, ¿no?

Patricia: ¡Uy, sí! Las islas artificiales en forma de palmera que se construyeron han atraído a visitantes muy exclusivos. En ellas hay lujosas villas que cuentan con su propia playa privada, así puedes bañarte y ponerte moreno si quieres.

Ángela: Y me han dicho que hay hoteles increíbles.

Patricia: Sí, Ángela, Dubái tiene el único hotel de siete estrellas que hay en el mundo. Mis favoritos son los hoteles que están en el desierto. Algunos tienen unas grandes cristaleras con preciosas vistas. Desde allí puedes ver los atardeceres en el desierto y cómo las claras arenas de las dunas se van poniendo naranjas, con diferentes tonalidades. Y contemplando ese maravilloso paisaje desde la cama puedes quedarte dormido.

Ángela: ¡Ay! ¡Quién tuviera bastante dinero para disfrutar de todo eso!

6 Unidad 6. Literatura y arte contemporáneo

[16]

Poema "Don de la ebriedad" de Claudio Rodríguez.

Siempre la claridad viene del cielo;
es un don: no se halla entre las cosas
sino muy por encima, y las ocupa
haciendo de ello vida y labor propias.
Así amanece el día; así la noche
cierra el gran aposento de sus sombras.

Y esto es un don. ¿Quién hace menos creados
cada vez a los seres? ¿Qué alta bóveda
los contiene en su amor? ¡Si ya nos llega
y es pronto aún, ya llega a la redonda
a la manera de los vuelos tuyos
y se cierne, y se aleja y, aún remota,
nada hay tan claro como sus impulsos!

Oh, claridad sedienta de una forma,
de una materia para deslumbrarla
quemándose a sí misma al cumplir su obra.
Como yo, como todo lo que espera.
Si tú la luz te la has llevado toda,
¿cómo voy a esperar nada del alba?

Y, sin embargo –esto es un don–, mi boca
espera, y mi alma espera, y tú me esperas,
ebria persecución, claridad sola
mortal como el abrazo de las hoces,
pero abrazo hasta el fin que nunca afloja.

Poema "Monólogo" de Octavio Paz.

Bajo las rotas columnas,
entre la nada y el sueño,
cruzan mis horas insomnes
las sílabas de tu nombre.

Tu largo pelo rojizo,
relámpago del verano,
vibra con dulce violencia
en la espalda de la noche.

Corriente oscura del sueño
que mana entre las ruinas
y te construye de nada:
amargas trenzas, olvido,
húmeda costa nocturna
donde se tiende y golpea
un mar sonámbulo, ciego.

[17]

Tú no puedes volver atrás,
porque la vida ya te empuja,
como un aullido interminable,
interminable.

Te sentirás acorralada,
te sentirás, perdida o sola,
tal vez querrás no haber nacido,
no haber nacido.

Pero tú siempre acuérdate
de lo que un día yo escribí
pensando en ti,
pensando en ti,
como ahora pienso.

La vida es bella ya verás,
como a pesar de los pesares,
tendrás amigos, tendrás amor,
tendrás amigos.

Un hombre solo, una mujer,
así tomados, de uno en uno,
son como polvo, no son nada,
no son nada.

Entonces siempre acuérdate
de lo que un día yo escribí
pensando en ti,
pensando en ti,
como ahora pienso.

Otros esperan que resistas,
que les ayude tu alegría,
que les ayude tu canción,
entre sus canciones.

Nunca te entregues, ni te
[apartes,
junto al camino, nunca digas
no puedo más y aquí me quedo,
y aquí me quedo.

Entonces siempre acuérdate
de lo que un día yo escribí
pensando en ti,
pensando en ti,
como ahora pienso.

La vida es bella ya verás,
como a pesar de los pesares,
tendrás amigos, tendrás amor,
tendrás amigos.

No sé decirte nada más
pero tú debes comprender
que yo aún estoy en el camino,
en el camino

Pero tú siempre acuérdate
de lo que un día yo escribí
pensando en ti,
pensando en ti,
como ahora pienso.

[18]

***La oveja negra*, de Augusto Monterroso**
En un lejano país existió hace muchos años una oveja negra. Fue fusilada. Un siglo después, el rebaño arrepentido le levantó una estatua ecuestre que quedó muy bien en el parque. Así, en lo sucesivo, cada vez que aparecían ovejas negras eran rápidamente pasadas por las armas para que las futuras generaciones de ovejas comunes y corrientes pudieran ejercitarse también en la escultura.

***Un sueño*, de Jorge Luis Borges**
En un desierto lugar del Irán hay una no muy alta torre de piedra, sin puerta ni ventana. En la única habitación (cuyo piso es de tierra y que tiene la forma de círculo) hay una mesa de maderas y un banco. En esa celda circular, un hombre que se parece a mí escribe en caracteres que no comprendo un largo poema sobre un hombre que en otra celda circular escribe un poema sobre un hombre que en otra celda circular... El proceso no tiene fin y nadie podrá leer lo que los prisioneros escriben.

***Hablaba y hablaba*, de Max Aub**
Hablaba, y hablaba, y hablaba, y hablaba, y hablaba, y hablaba, y hablaba. Y venga hablar. Yo soy una mujer de mi casa. Pero aquella criada gorda no hacía más que hablar, y hablar, y hablar. Estuviera yo donde estuviera, venía y empezaba a hablar. Hablaba de todo y de cualquier cosa, lo mismo le daba. ¿Despedirla por eso? Hubiera tenido que pagarle sus tres meses. Además hubiese sido muy capaz de echarme mal de ojo. Hasta en el baño: que si esto, que si aquello, que si lo de más allá. Le metí la toalla en la boca para que se callara. No murió de eso, sino de no hablar: se le reventaron las palabras por dentro.

7 UNIDAD 7. Vidas alternativas

[19] **A.** El Proyecto Genoma Humano (PGH) es un proyecto de investigación científica con el objetivo fundamental de identificar los aproximadamente 30 000 genes en el ADN humano. La magnitud del Proyecto promete revolucionar el futuro de una manera tan profunda que algunos han comenzado a nombrar a este siglo como el siglo de la biología. Los beneficios abarcan áreas tan diversas como la medicina, la ecología, la agricultura, la evolución y la antropología.

B. Internet ofrece una información universal, omnipresente y libre, si bien no pueden desvincularse de ella problemas tales como la falta de veracidad, la autenticidad de las fuentes, la calidad en los contenidos, los derechos de propiedad intelectual, etc.

C. El calendario gregoriano adelanta cerca de medio minuto cada año. Este error se va acumulando conforme van pasando los años hasta llegar a un desajuste de un día cada 3300 años. Esto explica la necesidad de los años bisiestos.

D. Es evidente que otra comunicación es más que posible. Los grandes medios de comunicación ya no son la única fuente. Ahora, cualquiera puede buscar sus propios canales para informar y ser informado, gracias a múltiples aplicaciones puestas a disposición del ciudadano.

E. En España la crisis provocó un desánimo tan grande que se pensó que era necesario hacer algo para recuperar la confianza. Con esta finalidad, el Consejo Superior de Cámaras de Comercio y dieciocho empresas más crearon una campaña publicitaria; el eslogan, usado tal y como aparece en el enlace que lleva a la web: *estoloarreglamosentretodos.org*, transmitía optimismo y trataba de fomentar actitudes positivas entre la ciudadanía.

[20] Isabel, una médica endocrinóloga de 43 años, dejó su hospital para ingresar en un monasterio como monja de clausura.
A los 47 años, Miguel dejó su restaurante en una gran ciudad para reconstruir casas en un pueblo abandonado. Clara era juez y fiscal y ahora es bailarina y profesora de danza.

Saben que en la vida no existen los guiones. Y, por eso decidieron acabar con lo que parecían historias escritas de antemano. Abandonaron la oficina el día en que se reconocieron insatisfechos y colgaron el cartel de "cerrado por hartazgo" sin temor al 'fantasma' de la crisis. No les importó dejarlo todo. Liarse la manta la cabeza y abandonar una vida de confort.

Son nuevos trotamundos, 'urbanitas' exiliados de la ciudad, cooperantes de nuevo oficio y 'aldeanos conversos' con los que *20minutos.es* ha hablado para confirmar que las fórmulas con las que es posible reinventarse pueden ser múltiples cuando el objetivo es sencillo: ser feliz.

[21] Además de Isabel, Miguel y Clara tenemos el testimonio de Xavi.

► ¿Yo trabajaba como maquetador en un periódico deportivo en Barcelona, y Carme, mi pareja, en Recursos Humanos del Banco Sabadell. Llevábamos una vida ordinaria, aburrida, que no nos satisfacía. Así es que, por fin, un día cansados de la rutina decidimos dar por terminada nuestra anterior vida, apostar todo a una carta y poner los medios para lograr nuestro proyecto de vida: vivir viajando.

Y en estos viajes aprendimos muchas cosas, pero sobre todo vimos mucho dolor y sufrimientos, nos quedamos impresionados por la cantidad de miseria y pobreza que había en el mundo, pobreza, así es que nos vimos obligados a tomar una decisión, a hacer algo...

Siete años después han conseguido vivir de sus sueños: hacer viable económicamente su plan. Fundaron su propia ONG, cuyos proyectos dan a conocer en su página web. A través de ella recaban fondos de sus seguidores.

Otra vía de financiación han sido los tres libros que ya llevan escritos y en los que relatan las experiencias de su vida nómada. De los dos primeros, agotaron existencias, con 2500 ejemplares vendidos. Con el tercero, que verá la luz en noviembre, esperan repetir el éxito.

8 UNIDAD 8. Frente al televisor

[22] Cada vez es más frecuente ver a una persona usando una red social o cualquier tipo de herramienta que le permita estar conectado con los demás. *Facebook, Tuenti, Twitter, WhastApp, Pinterest, Instagram*, etc. Son muchas. Y cada vez más. Muchos de esos internautas pasan horas y horas navegando entre las notificaciones de sus amigos. Subiendo fotos. Mandando mensajes. Compartiendo vídeos.

Pueden ser adictos a las redes sociales, aunque tal vez no lo sepan, "porque no se dan cuenta, solo lo percibe su entorno", explica a *RTVE.es* Juanma Romero, fundador de Adicciones Digitales, una asociación que ayuda a prevenir el abuso de la tecnología.

Para demostrar la adicción a las redes sociales, un grupo de psicólogos de la Universidad de Bergen (Noruega) ha realizado un estudio en busca de signos de conducta adictivos en la forma en la que se utilizan y los sentimientos que provocan las redes sociales. Y lo han centrado en *Facebook*. Las mujeres jóvenes e inseguras son las más propensas a ser adictas a *Facebook*. Los investigadores, detalla el diario británico *The Telegraph*, crearon la "Escala de Adicción a *Facebook* de Bergen" y analizaron los casos de 423 estudiantes.

Tuvieron que rellenar un cuestionario en el que tenían que puntuar aspectos como si pasaban mucho tiempo pensando en *Facebook*, si la red social les ayudaba a olvidar problemas personales o si habían intentado dejar *Facebook* porque les tenía atrapados. Tras estudiar las respuestas, los psicólogos concluyeron que las mujeres tienen más predisposición que los hombres a convertirse en adictas a la red social. Sobre todo las jóvenes e inseguras.

El estudio recoge que algunos de los participantes demostraron claros signos de adicción a *Facebook*, en un grado similar al mostrado por personas adictas al alcohol, a las drogas o a otras sustancias. En este sentido el fundador de Adicciones Digitales considera que "hay un problema. El tabaco y el alcohol se puede quitar. Pero hoy en día la tecnología está en todas partes. En casa, en el trabajo, en las bibliotecas, en las universidades. La diferencia es fundamental", advierte.

Además, Romero reconoce que "*Facebook* es una plataforma muy adictiva, porque permite que los usuarios se desinhiban y cuenten cosas que no harían en persona". Esto "sobre todo pasa con los adolescentes, principalmente porque les ayuda a encontrar su propia satisfacción ante los demás e incluso ser admirados por los suyos, pero en muchas ocasiones crea una adicción insana", concluye el experto.

[23] 1. *Más Gente* ha resultado ser un programa aburrido, sin ritmo, soso, con unos colaboradores que van de modernos pero resultan en ocasiones ridículos, con otros relamidos y estirados y algunos que parecen estar en el salón de su casa jugando a salir en la tele, con un aire general de programa rescatado de la parte de atrás de la videoteca de la cadena que no resiste un visionado completo.

Empalagoso, y lo peor de todo: el discurso pelota, especialmente de la presentadora, hacia todos los famosos que salen en sus fiestas, sus presentaciones, sus galas benéficas y ñoñerías varias. Esa especie de culto al personaje popular tan de antes, en boca de la presentadora de *Más Gente* se convierte en un exceso insoportable.

Más Gente confunde la elegancia con el peloteo y al final el programa se convierte en una sola cosa: un auténtico y soberano plomazo que no resistiría en ninguna otra cadena. Es una pena que pudiendo hacer cosas de calidad acabemos teniendo esto.

2. Un motivo de satisfacción entre tanta telebasura es la noticia de que, después de años en antena en la franja de sobremesa, el programa *Saber y Ganar* logró una audiencia por encima de los datos de los programas del resto de las cadenas. Lo que pone en evidencia es que el público no parece ser tonto del todo, como muchos piensan y se esfuerzan por probar, y cuando un producto no les gusta, los espectadores no se quedan como borregos atontados frente a la pantalla, sino que buscan alternativas. Es este un brillante programa, dirigido con pulso firme y magistral seriedad. Frente al resto de concursos, donde no hay que tener una formación destacada, y donde el plató es parte de la fanfarria, *Saber y Ganar* es lo contrario, poco artificio exterior y mucha preparación interior. La manera en que está hecho resulta muy divulgativa, y siempre se aprende viendo el programa. Las pruebas son interesantes y variadas, y el programa ha sabido cambiarlas y renovarlas cuando han mostrado síntomas de desgaste. *Saber y Ganar* no hace uso de grandes presupuestos, tiene una puesta en escena simple y correcta y no ha tenido que recurrir a golpes de efecto para mantenerse en parrilla. Lo suyo es una carrera de fondo, de no quemarse gracias a ser un programa bien hecho y cuidado, con un equipo de guionistas que sabe a qué público se dirige y que crea un ambiente amable y alejado de la crispación de otros programas de la competencia. Media hora al día para sentirse entre amigos, jugar y aprender. Y esperamos que siga así, al menos, otros quince años.

[24] NOTICIA 1.

Hace casi año y medio, la prensa gallega dio cuenta de la visita de Amancio Ortega a un centro comercial de las afueras de A Coruña, conocido como *Marineda City*. Allí recorrió durante algunas horas las tiendas del grupo Inditex con toda naturalidad, tanto es así que aprovechó a mediodía para tomarse en un bar cercano un sándwich vegetal, una cerveza y un café con sacarina, un almuerzo que les pareció austero a los cronistas, tratándose en ese momento de quien era el octavo hombre más rico del mundo. Lo que nadie sabía entonces es que la visita de Amancio Ortega tenía otro propósito. El jefe quería ver en vivo y en directo cómo era y cómo funcionaba el nuevo concepto de tienda que estaba preparando Zara y que un año después inauguraría a bombo y platillo en la 5.ª Avenida de Nueva York.

Esa forma de actuar es muy de la casa, muy de Ortega y, en el fondo, muy de quien trabaja con Ortega. En la sede central de Arteixo predomina la naturalidad y la discreción, pero también la opacidad. No es que Inditex guarde muchos secretos a estas alturas de la vida tratándose de una de las compañías más estudiadas en las grandes escuelas de negocio, pero sí que conserva la habilidad para divulgar exactamente lo que quiere que se difunda y, en muchas ocasiones, en el tono que más le conviene. Para ser una compañía que no utiliza la publicidad (desde luego, no paga por ella), pero que está en boca de medio mundo, es un éxito impagable.

Un año y medio después, el 15 de abril de 2012, Inditex invitó a un grupo de periodistas de todo el mundo para inaugurar su nueva tienda Zara en Nueva York, en el 666 de la 5.ª Avenida. Los periodistas dieron cuenta de un nuevo concepto de establecimiento que calificaron casi unánimemente como una "boutique de boutiques". Con mejor o peor literatura fueron explicando las virtudes de un escenario neutro con grises, blancos, espacios y contenidos, luces y sombras creado para impresionar a los futuros clientes y hacerles comprar.

En la inauguración mundial no estuvo presente Amancio Ortega, como en él es habitual. Esta semana, la agencia de noticias económicas *Bloomberg* proclama a Ortega como uno de los tres más ricos del planeta con 37 500 millones. Supera a un mago de las finanzas (Warren Buffet) y a otro tendero como él, Ingvar Kampad (dueño de IKEA). Es posible que Bill Gates y Carlos Slim, los dos primeros de la lista, le queden todavía un poco lejos, pero dentro de lo anecdótico que pueda ser este juego de cifras con los millonarios del momento, lo cierto es que la figura de Amancio Ortega ilustra un fenómeno que no acaba de sorprender, de contradecir a los analistas y de resultar inimitable 37 años después del nacimiento de la compañía.

NOTICIA 2.

Desde que empezó a aplicarse en 1966, cerca de nueve millones de jóvenes han llenado la Encuesta de Estudiantes Estadounidenses de Primer Año. La encuesta pide a los estudiantes que se evalúen frente a sus colegas en varias áreas de habilidades básicas, según el sitio BBC Mundo. «En las pasadas cuatro décadas ha habido un dramático aumento del número de estudiantes que se describe a sí mismo como "superior al promedio" en habilidades académicas, motivación al éxito, habilidades matemáticas y autoconfianza». Así lo reveló un nuevo análisis de los datos de la encuesta, realizado por la psicóloga estadounidense Jean Twenge y un grupo de sus colegas.

La forma como los estudiantes se evalúan a sí mismos en renglones menos individualistas, como disposición a la cooperación, comprensión de los otros y espiritualidad, ha registrado pocos cambios, incluso ha bajado. Twenge añade que mientras los jóvenes están cada vez más inclinados a etiquetarse a sí mismos como "dotados" en habilidades escritas, las pruebas sobre escritura señalan que el indicador viene en descenso desde los años 60. Otro estudio realizado por Twenge sugiere que ha habido un 30 por ciento de incremento en las actitudes narcisistas en los estudiantes estadounidenses desde 1979. Autoestima es la valoración que hacen las personas de sí mismas. «Nuestra cultura solía promover la modestia y la humildad y no presumir de uno mismo. Se consideraba negativo ser visto como vanidoso», dice Twenge.

No todo el que tiene alta autoestima es un narcisista. Algunas apreciaciones positivas de uno mismo pueden ser inofensivas y de hecho, justificadas. Pero uno de cada cuatro estudiantes que respondió al cuestionario Inventario de Personalidad Narcisista lo hizo de una manera que se inclinaba hacia visiones narcisistas de sí mismo. Aunque algunos argumentan que el narcisismo es una característica esencial, Twenge y sus colegas lo ven como algo destructivo y culpan del crecimiento de las actitudes narcisistas a una serie de tendencias, entre las que incluye el estilo de crianza, la cultura de las celebridades, las redes sociales y el fácil acceso al crédito, que permite que la gente luzca más exitosa de lo que realmente es. «Lo que realmente se ha impuesto en las últimas dos décadas es la idea de que tener una gran confianza en sí mismo, amarte a ti mismo, creer en ti mismo, es la clave al éxito. Pero lo interesante acerca de esa creencia ampliamente compartida es que es generalizada, pero también es falsa», concluye la psicóloga.

9 Unidad 9. El tiempo pasa

[25] 1. El gobierno tiene que andarse con mucho cuidado. Los ministros de Justicia y Hacienda parecen no haberse dado cuenta de lo delicado de la situación y están actuando de manera imprudente, como si el estado de ánimo del país no hubiera cambiado, como si no existiera un estado de alarma que provoca una atenta vigilancia de todos los actos políticos. Los ciudadanos están realmente enfadados y reaccionan rápidamente y con fuerza ante cualquier nueva noticia que roce ligeramente temas relacionados con tratos de privilegio o corrupción.

El ministro de Justicia, por ejemplo, no ha pensado en el impacto que podría tener el indulto a un conductor homicida, su decisión es muy atrevida porque el caso reúne condiciones extrañas que pueden despertar sospechas.

El de Hacienda ofrece amnistía fiscal a los defraudadores y muestra su característico sentido del humor para evitar dar la información que le exige la oposición al respecto. Las dos actuaciones son intragables para una ciudadanía que se siente ya completamente indigesta.

2. Para que acabe la corrupción, que es ya una de las principales preocupaciones de los ciudadanos, tienen que cambiar los partidos, algo que decimos mucho, y tenemos que cambiar los medios, algo que no decimos nunca. Es cierto que los partidos deben acabar de una vez por todas con la doble vara de medir y eso lo hemos dicho a menudo. Sin embargo, hablamos menos de que los medios de comunicación también tenemos que cambiar y acabar con la subjetividad con la que seleccionamos las denuncias que hacemos públicas. Cada medio denuncia con dureza lo que investiga y observa impasible, o incluso ignora, lo que investigan los demás.

Aunque está claro que no todos los casos ni comportamientos son iguales, no debemos escudarnos en esa excusa. Hay que admitir que las posiciones ideológicas determinan con frecuencia qué asuntos se investigan y cuáles no y favorece a la corrupción, que no terminará mientras no apliquemos las recetas que prescribimos.

3. Los dos grandes partidos han hablado para avanzar en el famoso pacto anticorrupción, acuerdo al que hay que llegar de manera urgente. Pero esta urgencia no debe hacernos olvidar que estamos hablando de un acuerdo entre partidos para evitar la corrupción, como si fuera necesario el consenso para algo que debería estar en el ADN de los partidos.

Evitar las malas prácticas no debería ser fruto de un acuerdo, debería ser lo habitual y en lugar de un acuerdo deberíamos estar hablando de la exigencia con uno mismo y con los otros. Tampoco sería necesario el acuerdo si los mecanismos de control funcionaran correctamente. El pacto contra la corrupción debe llegar después de que se llegue hasta el fondo en los casos que están abiertos. Un pacto, un código de buenas prácticas no puede ser un borrón y cuenta nueva.

Sin embargo, parece difícil conseguir que no sea así, ya que hoy estaba en manos del partido en el gobierno permitir que su presidente compareciera en el congreso para dar explicaciones del caso de corrupción más reciente y el partido ha utilizado su mayoría absoluta para impedirlo. Un mal comienzo si se quieren cambiar las cosas. No podría pasar nada peor que al final todo se quedara tal y como está. Esta puede ser la tentación en el caso del partido que gobierna actualmente, esperar a que pase el temporal y nos olvidemos de todo. Esta sería la peor de las noticias.

[26] La ciudad de Madrid está situada en el centro de España y fue nombrada capital por Felipe III en 1606. En la historia de Madrid hay cuatro etapas fundamentales: Madrid medieval, Madrid de los Austrias, Madrid de los Borbones y Madrid romántico.

La parte más céntrica de Madrid pertenece al Madrid medieval, sus lugares más importantes son la Plaza de la Villa y la Calle Mayor, que se construyeron en el siglo XV.

Del Madrid de los Austrias destaca la Plaza Mayor que fue edificada por Felipe III en 1619. Su

edificio más importante es la Casa de la Panadería que está situada en el centro de la fachada principal. Muy cerca de allí está la Plaza de Santa Cruz donde se encuentra el Ministerio de Asuntos Exteriores, edificio que fue diseñado por el arquitecto italiano Crescendi.
En el Madrid de los Borbones destacan varias obras diseñadas por el arquitecto madrileño Pedro de Ribera, por ejemplo la portada del Cuartel de Conde Duque y el puente de Toledo. En la Puerta del Sol se alza un edificio de este periodo que inicialmente fue construido para Correos. En el siglo XIX se instaló sobre él el reloj más famoso de España. En esta época se hicieron también el Museo del Prado y el parque de El Retiro.
El Madrid romántico no tiene un estilo definido, presenta influencias de todos los anteriores. De sus lugares de interés más representativos podemos decir que el Palacio Real fue levantado sobre un antiguo alcázar que se quemó y el Palacio del Congreso fue inaugurado por la reina Isabel II en 1850.

10 Unidad 10. Última etapa

[27] El amor, la amistad, el afecto, el poder, sentirse útil o valorado son elementos de gran importancia para el bienestar y carecen de sentido si no se corresponden o no son compartidos. Por eso la presencia del grupo (la sociedad, la familia, el Estado, la comunidad, la ciudad, el territorio) es tan influyente en la vida de una persona.

Como conclusión y a modo de resumen, nuestra participación y pertenencia a grupos nos beneficia en los siguientes aspectos:

1. Supervivencia. Las necesidades básicas como el alimento y el cobijo se han solucionado desde hace miles de años de una forma colectiva. Cazar y recolectar, intercambiar productos, construir viviendas y distribuir el territorio tienen un sentido profundamente colectivo o grupal porque resuelven necesidades repartiendo los esfuerzos y las tareas. Dentro de la familia (el cuidado), el poblado (el alimento), la aldea (la defensa) o la ciudad (los servicios) sobrevivimos porque no estamos solos.
2. Afecto. El cariño, el afecto, la amistad o el amor han sido muy importantes en la historia de los seres humanos. «El amor mueve montañas». Las relaciones personales son fundamentales en nuestra felicidad y nuestro bienestar. No se trata de descubrir la importancia que tiene querer y sentirse querido, sino de hacer patente que la satisfacción que obtenemos de una pasión, de una amistad o de un gran amor es posible porque nos relacionamos con otros. Y que la compleja red de relaciones de cada persona es una fuente de placer y bienestar que se consigue con otros y no solos.
3. Aprendizaje. Desde los primeros días de la vida de un ser humano, aprender es una de las actividades necesarias, que produce más satisfacción y que asegura mejor nuestro futuro y felicidad. El aprendizaje es vital, aprendemos, pero ¿cómo se aprende? Fundamentalmente de otras personas. Los escritos, las conductas, las ideas, los consejos, los ejemplos, las propuestas y las características de otras personas nos ayudan a aprender.
4. Poder. A todos nos gusta mandar, influir. Poco o mucho. Sobre algo o sobre alguien. Una pequeña porción de poder nos resulta beneficiosa y estimulante. El poder, entendido como la posibilidad de control y decisión sobre algo o alguien, es estimulante. Algunas personas lo resuelven de una forma inteligente («hoy que tengo tiempo voy a hacer lo que yo quiera») y otras lo hacen de una forma más torpe («la casa es mía y se hace lo que a mí me da la gana»).
5. Ideología. La forma de pensar de cada cual es algo muy importante. Son una serie de ideas que organizan una parte de la actividad, del tiempo y de los gustos de todos. Esta forma de pensar va variando, moldeándose, cambiando en el tiempo, y esas variaciones se producen en muchas ocasiones en grupo. La filosofía de la vida hace más o menos fáciles las relaciones entre las personas y, a su vez, las relaciones personales van modificando la filosofía de la vida de las personas cuando intercambiamos, disfrutamos y experimentamos juntas.

6. Diversión. No cabe duda de que la risa, el espectáculo, la diversión son elementos motivadores. Existe un amplio repertorio de actividades y formas de diversión que implican o, al menos, alcanzan sus mejores «prestaciones» cuando se realizan en grupo: conversar, bailar, hacer fiestas, viajar, ir a un concierto, hacer deporte... Todos necesitamos una cuota de diversión compartida en la que gran parte del disfrute está precisamente en la existencia de otras personas.
7. Valoración social. Una parte de nuestra felicidad tiene que ver en parte con cómo nos ven los otros. La importancia de la imagen que tienen los demás de nosotros surge del deseo de que esa imagen sea la correcta, y de que la valoración de la imagen sea positiva. No solo el autoconcepto (la idea que tenemos de nosotros mismos) es necesario para la autoestima. También la valoración social (la idea que los demás tienen sobre nosotros) es fundamental. Un grupo da la oportunidad de que exista esa valoración. Porque dentro de él las personas nos diferenciamos, nos parecemos, emitimos juicios, mostramos acuerdos o discrepancias, discutimos u opinamos de la misma manera, nos acercamos o nos distanciamos unas de otras.

[28] Noticia 1.

Un estudio con 184 simios en cautividad realizado por investigadores de la Universidad de Arizona (EE. UU.) revela que los orangutanes felices viven durante más tiempo. Los resultados se publican en la revista *Biology Letters*. Para llevar a cabo la investigación, los científicos pidieron a los cuidadores de 184 orangutanes que llevaran un registro de cuándo los animales estaban de buen o de mal humor, cuándo disfrutaban más de sus interacciones sociales y si conseguían alcanzar sus objetivos. Además, les invitaron a valorar si los describirían como "felices". Un análisis de los datos reveló que los que obtenían puntuaciones más altas en el "ranking" de felicidad eran los que más probabilidades tenían de seguir con vida siete años después. El efecto se observaba independientemente del sexo y la edad. Los resultados podrían arrojar luz sobre cómo evolucionó la felicidad, no solo en orangutanes, sino en todos los primates, incluido el ser humano.

Una de las teorías que barajan los expertos es que la felicidad evolucionó por selección sexual: un individuo feliz es más atractivo para el sexo opuesto porque vivirá más. Aunque la felicidad ya había sido relacionada con el aumento de la esperanza de vida en humanos, y ahora en orangutanes, las bases biológicas aún se desconocen. Uno de los retos, según Weiss, es averiguar si la felicidad y la salud en simios están controladas por los mismos genes.

Noticia 2.

La vida parece más de color de rosa después de los 50, según revela un estudio publicado en la revista *PNAS*. En concreto, los adultos que superan el medio siglo de vida son generalmente más felices, experimentan menos estrés y se preocupan menos que los veinteañeros. A esta conclusión ha llegado un equipo de científicos estadounidenses tras entrevistar a más de 340 000 norteamericanos. En el estudio se ha tenido en cuenta tanto la felicidad general ("bienestar global") como las experiencias diarias sobre sentimientos como el estrés o la diversión ("bienestar hedonista"). Aunque estas dos dimensiones del bienestar raramente se estudian a la vez, según Arthur Stone, psicólogo de la Universidad Stony Brook de Nueva York y coautor del estudio, son igual de importantes, porque "el bienestar global proporciona una visión más reflexiva de la vida mientras que el bienestar hedonista nos habla de una visión inmediata, que incluye sentimientos como diversión, preocupación, estrés, enfado, tristeza".

Según ha podido comprobar Stone, la ira y el estrés descienden progresivamente desde la juventud (20) hasta la madurez (50), mientras que la felicidad y la capacidad de divertirnos aumentan al cumplir medio siglo. En cuanto a las preocupaciones, se mantienen bastante constantes hasta los 50, momento en que empiezan a decaer. Y todo ello independientemente de factores como tener o no empleo, o la presencia de hijos en casa. Los resultados fueron similares en hombres y mujeres. A la pregunta de por qué somos más felices al envejecer, Stone argumenta que posiblemente las personas adultas controlan sus emociones mejor que los jóvenes. O quizás tiene que ver con la nostalgia: los adultos conservan menos recuerdos negativos, de ahí que sean más felices. Además, a medida que pasa el tiempo nos centramos menos en lo que hemos o no hemos conseguido y más en "aprovechar al máximo el resto de nuestra vida", añade el investigador.

1 UNIDAD 1. El siglo XX a escena

[29]

1.

- Estoy un poco enfadada con Diana.
- ¿Y eso? ¿Qué te ha hecho?
- Pues que estábamos en una fiesta y desapareció sin avisar.
- Y, ¿te dejó allí sola?
- Pues sí, hijo, y ni me ha llamado para disculparse ni nada.

2.

- Pero, ¿qué pasa aquí? ¿A qué viene este ruido? ¿Tenéis qué hablar así de alto? ¡No hay quién se concentre!

3.

- ¡Guau! ¿A dónde vas tan elegante?
- ¿Te parece? Muchas gracias, pues mira, es que voy a una fiesta de una amiga en un sitio muy *chic*.

4.

- ¡Ay! Cómo me duele la cabeza, no sé si voy a poder ir a trabajar.
- Anda, anda, no finjas tanto. Tómate una aspirina y ya verás como se te pasa.

5.

- ¡Es increíble! ¡No doy crédito! Resulta que era todo una mentira, pensada y elaborada, ¡eres un sinvergüenza!

6.

- ¿Te has enterado de que ha dimitido el director de la empresa?
- Sí, sí, pobre hombre, siempre me ha parecido que lo han manejado los jefazos y que él, en realidad, nunca ha tomado ninguna decisión.

7.

- ¿Has visto a Cecilia? ¡Qué pintas lleva!
- Sí, la verdad es que con el dinero que tiene no sé cómo tiene tan mal gusto para vestir.

8.

- ¡Qué cantidad de tonterías dices! Es que nunca hablas en serio.
- A veces, pero prefiero tomarme la vida con sentido del humor.

2 UNIDAD 2. El proyecto

[30]

- ¡Hola! Buenos días. Una mañana más estamos con vosotros, queridos oyentes, para daros consejos sobre los temas que os preocupan. Esta semana, a petición vuestra, vamos a abordar el problema de los teléfonos móviles y sus efectos en la salud. Para hablarnos y aconsejarnos hemos invitado a nuestro programa al doctor e investigador Arturo Amat. Muy buenos días, Arturo, estamos encantados de poder tenerte aquí en nuestro programa.
- Buenos días a ti, Marisa, y a todos los radioyentes. Para mí, es un placer venir a la radio para compartir mis investigaciones.
- Bien, pues parece que el tema de los móviles y la salud es algo que preocupa a los ciudadanos, porque se habla mucho, pero no sabemos hasta qué punto es cierto o es una leyenda urbana.
- Bueno, lo cierto es que cada vez son más los estudios que están investigando los efectos de los campos electromagnéticos y las radiaciones de los móviles en la salud humana. Y aunque los operadores españoles dicen que están dentro de los límites establecidos, siempre conviene ser un poco precavido y no abusar del móvil. Si queremos prevenir sufrimientos a largo plazo, lo mejor es seguir una serie de recomendaciones de uso. En primer lugar, me gustaría advertir que, después de marcar el número, nunca mantengan el teléfono muy pegado al oído porque este es el momento en el que se emiten las emisiones de mayor potencia. Obviamente lo mejor sería no hablar más de una o dos horas al día. Pero entiendo que esto dependerá del trabajo de cada uno.

- Pues sí, esto es difícil, pero todo es cuestión de plantear una serie de prioridades.
- Por supuesto, no olvidemos que lo que está en juego es nuestra salud. Y otra cosa muy importante: ojo con acercarnos al teléfono cuando llamemos desde un lugar donde haya poca cobertura porque se producirá una emisión de potencia muy alta para encontrar la señal receptora.
- ¡Qué curioso! No lo sabía, fíjate es justo lo contrario a lo que solemos hacer, yo por lo menos.
- Sí, tú y casi todos, pero para eso estamos los investigadores. Por supuesto que lo recomendable sería que utilizáramos, en la medida de lo posible, el "manos libres", así mantendríamos el teléfono separado de la cabeza y del cuerpo. Y ya para terminar, mucho cuidado con los niños y el amor que les tienen a los móviles. No deberían usarlos hasta los catorce años, porque puede causarles problemas en el sistema nervioso e inmunológico.
- Pues muchas gracias por tus consejos, Arturo, y esperamos que nos acompañes en más ocasiones.
- Cuando queráis, ha sido un placer.

3 Unidad 3. Relaciones personales

[31]

1.

- Oye, ¿cómo era el chiste ese del teléfono?
- ¿Cuál? ¡Ah! Ya caigo: Eres de un bobo tal, que te estrangularías con un teléfono sin cable.
- Sí, ese, ¡qué bueno, tía! *ja, ja, ja...*

2.

- ¿Sabes el de era un tío tan gafe, tan gafe, que se sentó en un pajar y se pinchó con la aguja?
- Ese no lo había oído nunca, vendrá por lo del refrán ese, ¿no? de... esto es más difícil que encontrar una aguja en un pajar... vamos, digo yo. ¡Mira que es malo! ¿Eh?

3.

- Seguro que este te gusta más. Era una iglesia que estaba tan lejos, tan lejos, que por no ir, no iba ni Dios.
- Ese es muy viejo, ya me lo sabía.

4.

- Ahora me toca a mí, prepárate a partirte de risa. Eres de un desgraciado tal, que haces llorar a las cebollas.
- ¡Qué malo! Ya se me había olvidado que te encantan los chistes malos.

5.

- Para malo este. Era un hombre tan delgado, tan delgado, que se ponía un traje de mil rayas y le sobraban 999.
- Pues no está mal, *ja, ja*, es un poco lo que le pasa a Antonio cuando va con traje.

6.

- Me acabo de acordar de uno un poco bruto, pero bueno. Era un niño tan feo, tan feo, que su madre en vez de darle el pecho le daba la espalda.
- *Ja, ja, ja...* Pues sí tenía que ser feo, pobre niño...

4 UNIDAD 4. El éxito

[32]

1.

- ¿Qué tal el novio de tu hija? ¿Te gustó?
- Bueno, no está mal, quizás demasiado amable.
- Mujer, seguro que quería ser educado para caerte bien.
- Sí, sí, pero es que tampoco es muy agraciado, más bien diría que es tirando a feillo.
- Uyyy, todavía no le has perdonado que dejara a Carlos, ese sí que te gustaba.

2.

- ¿No crees que María se pasó un poco con lo que me dijo?
- Hombre, no te lo tomes así. Piensa que está algo estresada por la situación familiar que está pasando.
- Pero, ¿no lo había solucionado?
- No del todo, pero anda más animadilla porque piensa que con el tiempo todo se irá arreglando.

3.

- Tengo que hablar contigo de lo que ha hecho tu hijo, no ha estado nada bien. Se merece un castigo.
- Venga hombre, piensa en ti cuando tenías su edad, ¿no podrías hacer la vista gorda?, ha sido solo una travesurilla.
- Vale por esta vez, pero que no se acostumbre.

4.

- Parece que no te gusta este trabajo, ¿no?
- Bueno no está mal, pero se podrían cambiar algunas cosillas.
- ¿Cuáles?
- Ehhh, pues mira el trato con mi jefe, es un poco... como te diría yo, un poco forzado.
- Ah, no te preocupes, al principio a todos nos cuesta adaptarnos a lo nuevo, pero siempre se termina arreglando.
- Si tú lo dices.

5 UNIDAD 5. Geografías

[33]

Enhorabuena, has sido seleccionado entre otros muchos estudiantes para participar en el concurso Ciudad solo hay una. Te preguntarás en qué consiste, ¿verdad? Es muy fácil, tú solo tienes que responder por escrito a las preguntas que te vamos a formular y podrás ganar hasta 500€. Muy fácil, ¿no? Pues empezamos.
Lo primero es: Cuéntanos qué haces ahora, a qué te dedicas.
Segunda pregunta. Ahora, ¿podrías hablarnos de tu origen y situarnos tu ciudad o pueblo natal?
Tercera pregunta. ¿Puedes contarnos si tu ciudad o pueblo destaca por algo en especial: la cultura, la economía, la arquitectura?
Cuarta cuestión. ¿Tu pueblo o ciudad de origen está situado en el mismo hemisferio que España, comparte el mismo clima y estaciones?

Vamos con la quinta. En cuanto a la arquitectura, puedes decirnos cuál es el material que predomina.
La sexta. Todo lugar que se precie tiene sus fiestas. ¿Puedes elegir las dos más señaladas de tu localidad? ¡Ah! Y no te olvides de decirnos cuándo tienen lugar por si nos apetece ir.
La penúltima. Háblanos ahora de la división de tu pueblo o ciudad; nos referimos a los distintos barrios que lo forman.
Y ya para terminar. Cuéntanos un poco de su historia, fechas en las que ocurrió algo importante como una invasión, una mención oficial que recibió, la construcción de algún edificio importante, el nombramiento de algún alcalde famoso...
Muy bien, ya hemos terminado. Ahora solo tienes que mandarnos tus respuestas a Radio Concurso y en quince días te llamaremos si has resultado elegido. ¡Hasta pronto! Y no dejes de escucharnos.

6 UNIDAD 6. Literatura y arte contemporáneo

[34]

1. El dinosaurio
Cuando se despertó, el dinosaurio ya no estaba allí.

2. La función del arte
Diego no conocía la mar. El padre, Santiago Kovadloff, lo llevó a descubrirla.
Viajaron al sur.
Ella, la mar, estaba más allá de los médanos, esperando.
Cuando el niño y su padre alcanzaron por fin aquellas cumbres de arena, después de mucho caminar, la mar estalló ante sus ojos. Y fue tanta la inmensidad de la mar, y tanto su fulgor, que el niño quedó mudo de hermosura.
Y cuando por fin consiguió hablar, temblando, tartamudeando, pidió a su padre: ¡Ayúdame a mirar!

3. El drama del desencantado
El drama del desencantado que se arrojó a la calle desde el décimo piso, y a medida que caía iba viendo a través de las ventanas la intimidad de sus vecinos, las pequeñas tragedias domésticas, los amores furtivos, los breves instantes de felicidad, cuyas noticias no habían llegado nunca hasta la escalera común, de modo que en el instante de reventarse contra el pavimento de la calle había cambiado por completo su concepción del mundo, y había llegado a la conclusión de que aquella vida que abandonaba para siempre por la puerta falsa valía la pena de ser vivida.

4. El Rayo que cayó dos veces en el mismo sitio
Hubo una vez un Rayo que cayó dos veces en el mismo sitio, pero encontró que ya la primera había hecho suficiente daño, que ya no era necesario, y se deprimió mucho.

5. Historia
Un *cronopio* pequeñito buscaba la llave de la puerta de calle en la mesa de luz, la mesa de luz en el dormitorio, el dormitorio en la casa, la casa en la llave. Aquí se detenía el cronopio, pues para salir a la calle precisaba la llave de la puerta.

6. Música
Las dos hijas del Gran Compositor, seis y siete años, estaban acostumbradas al silencio. En la casa no debía oírse ningún ruido, porque papá trabajaba. Andaban de puntillas, en zapatillas, y solo a ráfagas, el silencio se rompía con las notas del piano de papá.
Y otra vez silencio.
Un día, la puerta del estudio quedó mal cerrada, y la más pequeña de las niñas se acercó sigilosamente a la rendija; pudo ver como papá, a ratos, se inclinaba sobre un papel, y anotaba algo.
La niña más pequeña corrió entonces en busca de su hermana mayor. Y gritó, gritó por primera vez en tanto silencio: ¡La música de papá, no te la creas...! ¡Se la inventa!

7 Unidad 7. Vidas alternativas

[35]

- Buenos días, hoy vamos a entrevistar Fede Rodríguez, activista y autor de diversos libros y publicaciones sobre movimientos sociales y consumo responsable. Pero sobre todo, Fede Roldán es un idealista nato y un luchador. Buenos días Fede, ¿otro mundo es posible?
- Buenos días, jajaja. Sí, sí, otro mundo es posible, con ayuda y participación de todos los ciudadanos lo es.
- Fede, ¿cómo nos explicarías el concepto de consumo responsable?
- Pues mira, es la elección que, como consumidores, hacemos de los productos no solo en base a su relación calidad precio, sino también pensando en su impacto ambiental y social y por la conducta de las empresas que los elaboran; es decir, si la empresa respeta los derechos humanos de los trabajadores y el medioambiente.
- Claro, tiene sentido. Y ¿qué consejos nos das para un consumo responsable?
- Lo primero, consumir menos, o sea, antes de comprar pensar si realmente necesitamos el producto o es una compra compulsiva, un capricho. También, evitar productos de usar y tirar, plásticos, latas y reciclar en la medida de lo posible. Bueno, y no olvides que consumir productos de los mercados locales, ecológicos o de comercio justo, son sin duda las mejores opciones medioambientales y sociales. En fin, cambiar un poco nuestros hábitos, que no cuesta mucho, ¿no te parece?
- Desde luego, es algo que todos podemos hacer. Y... oye, del comercio justo, una alternativa muy interesante... ¿qué nos puedes decir?
- Pues bien, el comercio justo lo que defiende son los derechos de los pequeños productores del Sur, su principal objetivo es garantizar a los productores y trabajadores un salario, condiciones laborales justas, además de asegurarse de que los niños no sean explotados y de que las mujeres tengan igualdad de oportunidades, una producción sostenible, y... en fin, pues eso un comercio JUSTO. Y por supuesto, rechaza el monopolio de las grandes multinacionales, la compra de lo más barato, el dominio de lo sintético frente a los productos artesanales.
- Entiendo, entiendo, aunque no sé... ¿cómo se garantiza que un producto proviene de comercio justo?
- Fácil, porque existe un sello internacional, *Fairtrade*, que lo certifica. Es una certificación con más de 20 años de historia y España forma parte de este sistema desde 2005.
- ¡Vaya! pues eso es toda una seguridad, me gusta, me gusta el concepto de comercio justo. Oye, Fede, muchas gracias por responder a mis preguntas y mucha suerte con tus proyectos.
- Muchas gracias a ti y ya sabes ¡otro mundo sí es posible!

8 Unidad 8. Frente al televisor

[36]

- ¿Qué tal tu viaje por Hispanoamérica?
- Pues genial, la verdad, me ha gustado la comida, la gente, los paisajes y me ha encantado aprender palabras nuevas. La primera vez que oí a un mejicano decir: "El carro de la policía se ha parado en la banqueta", flipé. Pensé, pero... ¿dónde está el carro?, ¿qué es banqueta?
- Hombre, carro también lo uso yo en plan coloquial, cuando me refiero a un coche. Pero banqueta, no tengo ni idea.

► Acera. Y en Argentina, mi amiga Lili me dijo: "Acompáñame a comprarme una pollera que he visto en las vidrieras de un negocio cerca de mi casa". ¿Lo entiendes?

► Pues por el contexto, pollera será una prenda de vestir, negocio es tienda, está claro, y vidriera, escaparate, ¿no?

► Sí, sí... Ah, y pollera es falda. Y relacionado con ropa, a ver si sabes qué es un saquito, que lo escuché en Perú.

► Pues ni idea, ¿abrigo?

► Casi..., chaqueta. Y lo que me dejó sin palabras fue cuando en Cuba me dijeron que un amigo mío era un aura, y yo dije, un qué, y me salta el tío, ¿no me entiendes? Pero cómo le voy a entender, podía significar cualquier cosa. Significaba cobarde.

► Oye, me encanta, qué guay.

► Mira, podría seguir contándote cositas pero es que he quedado para tomar una chela, ja, ja.

► ¿Una caña?

► Sí, es una palabra mejicana. Hasta luego.

► Hasta luego.

9 UNIDAD 9. El tiempo pasa

[37] 1.

► ¡Oye! ¿Te acuerdas de lo que pasó el 23 de febrero de 1981?

► Sí, hombre, ¡cómo es posible que no lo recuerdes! Unos militares sublevados al mando del teniente coronel Tejero asaltaron el Congreso. Tú tendrías cinco años y todos en casa estábamos muy nerviosos.

2.

► Me acuerdo cuando votamos por primera vez después de la muerte de Franco. ¡Qué ilusión cuando puse mi papeleta en la urna! Y el primer presidente de la democracia fue Adolfo Suárez, fueron unos años difíciles, pero intensos.

▷ Abuelo eso ya me lo has contado, háblame de cuando corrías delante de los grises en la universidad.

3.

▷ El 6 de diciembre es fiesta porque es el día en el que se aprobó la Constitución española, fue en el año 1978. La ley del aborto es posterior, creo que fue en el 85.

4.

▷ En enero de 1992 se firmó la Declaración de Guerra en México, ¿verdad?

► No, no, todo lo contrario, lo que se firmó fueron los Acuerdos de Paz.

5.

► Latinoamérica estuvo en manos de muchos gobernantes que impusieron una dictadura en sus países.

▷ ¿Y cuándo ocurrió esto? ¿De los años sesenta a los noventa? ¿No?

► Sí, eso es.

6.

▷ ¿Te acuerdas de Sendero Luminoso?

► Sí, claro, la organización marxista peruana. Por cierto, ¿cómo se llamaba su fundador?

▷ La fundó Abimael Guzmán, lo sé porque ayer leí un artículo sobre él en un dominical. Muy interesante, por cierto.

10 Unidad 10. Última etapa

[38] 1.

► ¡Tía! He tenido una movida en casa tremenda.

► ¡No me digas! ¿Qué ha pasado?

► Pues que mi padre ha descubierto que estoy haciendo pellas en solfeo y se ha puesto hecho una fiera y me ha amenazado con quitarme la paga y todo.

► Total que tendrás que volver a tragarte ese rollazo de clase, ¿no?

► ¡A ver qué remedio!

2.

▷ ¡Qué pasote, tíos! El sábado fuimos a tomar unas copas después de cenar y menuda clavada nos dieron. Pagamos 15 pavos por un gin-tonic. Eso sí, una ginebra guay.

► ¡Qué pasote! ¿Cómo vais a sitios tan caros?

▷ No sabíamos que lo fuera.

► Pues la próxima vez, ya sabes, pregunta antes de pedir.

3.

► ¿Qué ha pasado hoy en la telenovela? He tenido que ir al dentista y me la he perdido.

▷ ¡Ha sido increíble! El endocrino ha pillado a Beti dándose un atracón a chocolate y le ha dicho que no puede seguir engañándose de esa forma. Ella al principio pensó: ¡qué pelmazo!, pero luego sin saber cómo, se enamoró de él. La pena es que el médico no siente lo mismo y ahora Beti está muy desanimada y no hace nada más que comer y llorar.

► ¡Hay que ver qué ñoña es la pobre!

4.

▷ ¡Qué vacaciones las de este año! ¡Qué bien me han sentado! El hotel era estupendo, con pistas de pádel y piscina. He desconectado totalmente. Y lo mejor: una pantalla gigante para ver los partidos, con tu cervecita fresquita… Eso era el paraíso.

► Pero solo has estado una semana, ¿no? ¿Y en tan poco tiempo has podido desconectar? ¡Qué capacidad la tuya!

▷ Lo cierto es que no me han sabido a poco.

5.

▷ Ahora que estás empezando como autónomo, debes saber que es muy importante ofrecer un buen servicio a los clientes porque lo que mejor funciona en el pequeño comercio es el boca a boca.

► Sí, eso lo tengo claro. Aunque no hay que olvidar que en la actualidad los emprendedores abordan muchos proyectos por Internet y que las ventas *online* están aumentando.

[39]

Parte meteorológico
de Joaquín Sabina.

Se anuncia entre los dos tiempo
[inestable
asoman a tus ojos las tormentas,
por la noche es probable
que el viento sea variable,
que me quieras... y luego te
[arrepientas.

La isobaras ven hielo en tus venas
y en tu pañuelo un mar que se
[sofoca
y auguran las antenas
que harán falta cadenas
para subir al puerto de tu boca.

Besarte es desatar un huracán
que suba en el termómetro el
[mercurio,
algunas nieves dan
calor cuando se van
fundiendo entre el desierto y el
[diluvio.
A, E, I, O, U
a mi boda fueron todas menos tú.
Do, Re, Mi, Fa, Sol, La, Si
marejada ni contigo ni sin tí.

Lo malo es que después la gota
[fría
se instala entre mis huesos y los
[tuyos,
corrige mi alegría
la noche de aquel día
que me condena al páramo y al
[trullo.

Caerá un rayo en mi torre de
[Babel,
arrasarán las plagas y la
[hambruna,
vendrán lunas de hiel,
a devastar mi piel
si el desamor no encuentra su
[vacuna.
A, E, I, O, U
a mi boda fueron todas menos tú.
Do, Re, Mi, Fa, Sol, La, Si
marejada ni contigo ni sin tí.

A, E, I, O, U
a tu vera el dulce hogar era un
[iglú.
Do, Re, Mi, Fa, Sol, La, Si
marejada ni conti...
marejada ni conmi...
marejada ni contigo ni sin tí.

Nivel B2.2

Etapas PLUS

Curso de español por módulos

Fichas y transparencias

Nivel B2.2

Proyectos, Textos y Competencias

Las fichas y material para transparencias que sirven al profesor para complementar y apoyar las explicaciones y actividades del *Libro del alumno*, puede descargarlas en www.edinumen.es/eleteca.

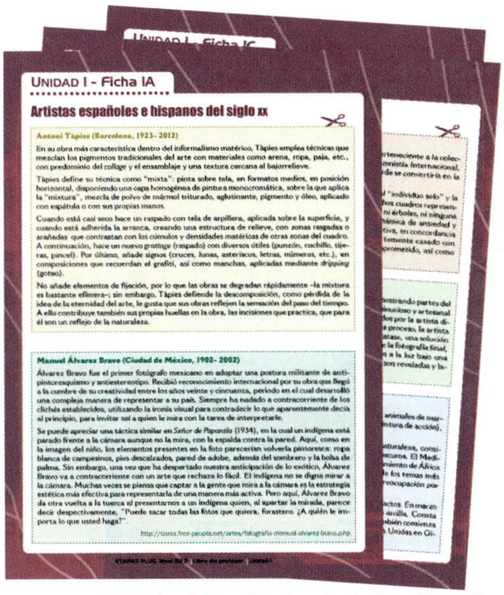

Unidad 1 - Ficha 1 A, B, C y D
Artistas españoles e hispanos del siglo XX

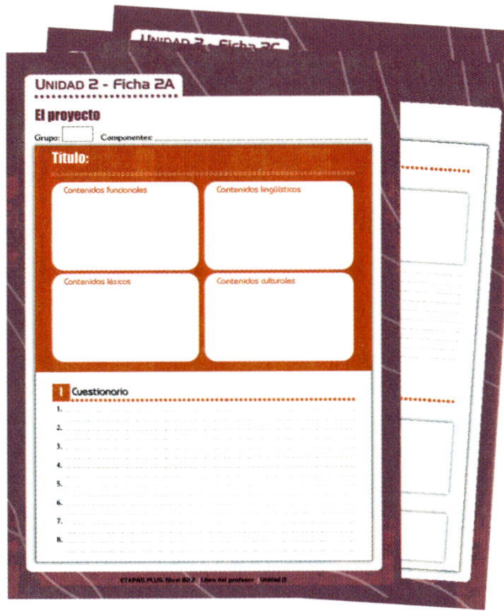

Unidad 2 - Ficha 2 A, B, C y D
El proyecto

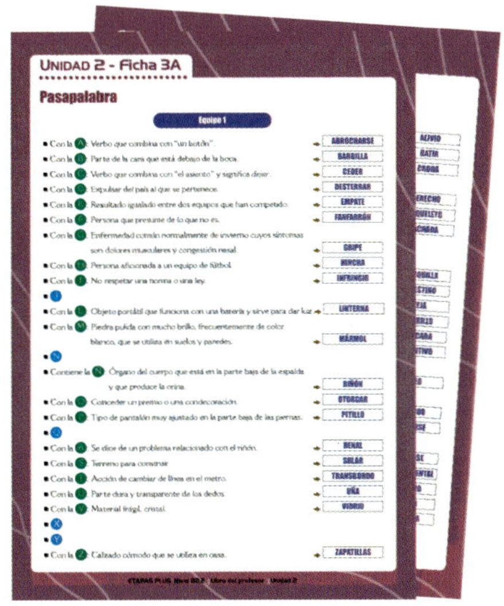

Unidad 2 - Ficha 3 A y B
Pasapalabra

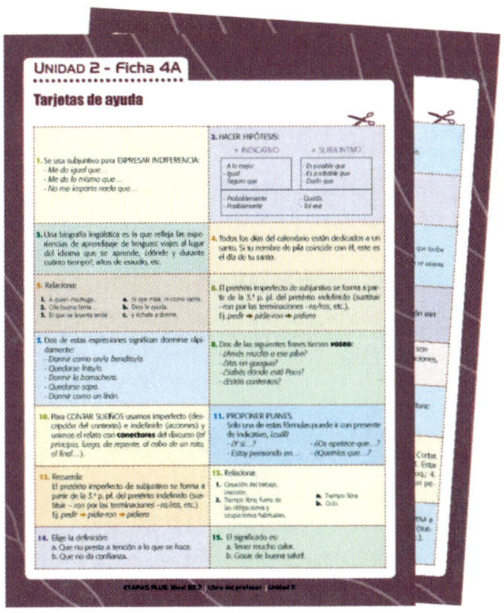

Unidad 2 - Ficha 4 A y B
Tarjetas de ayuda

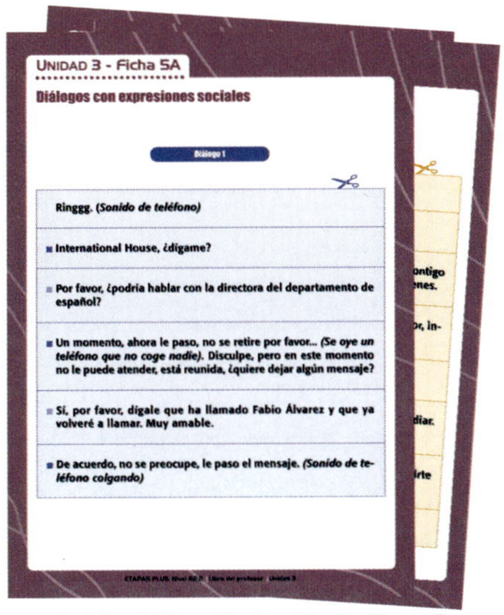

Unidad 3 - Ficha 5 A, B y C
Diálogos con expresiones sociales

Unidad 3 - Ficha 6
Apellidos

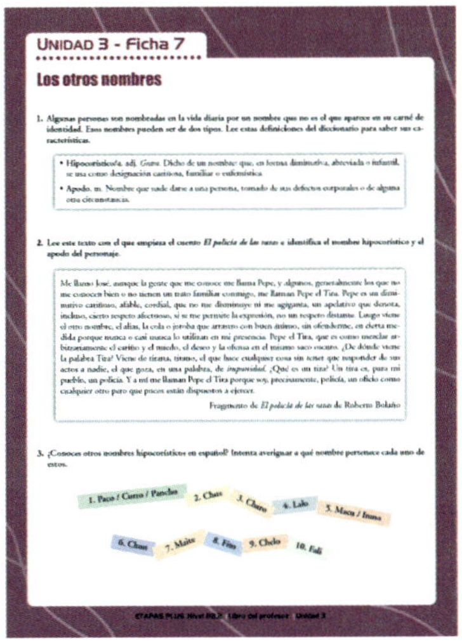

Unidad 3 - Ficha 7
Los otros nombres

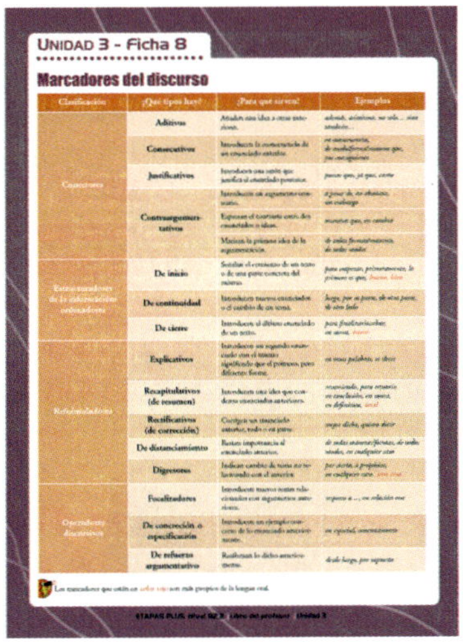

Unidad 3 - Ficha 8
Marcadores del discurso

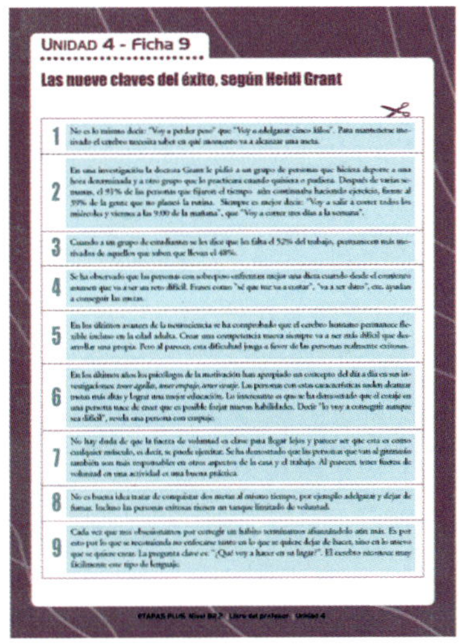

Unidad 4 - Ficha 9
Las nueve claves del éxito, según Heidi Grant

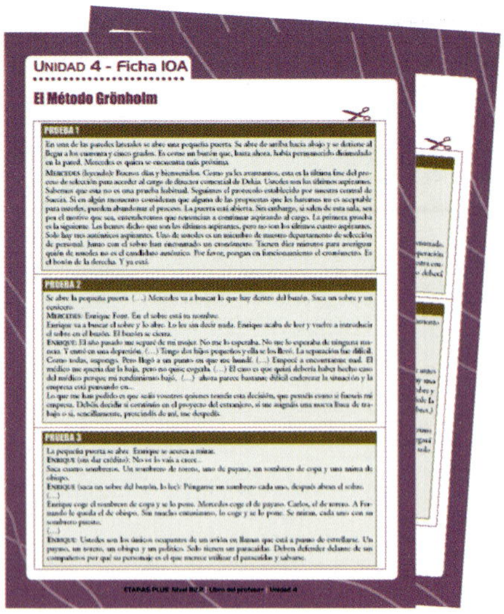

Unidad 4 - Ficha 10 A y B
El método Grönholm

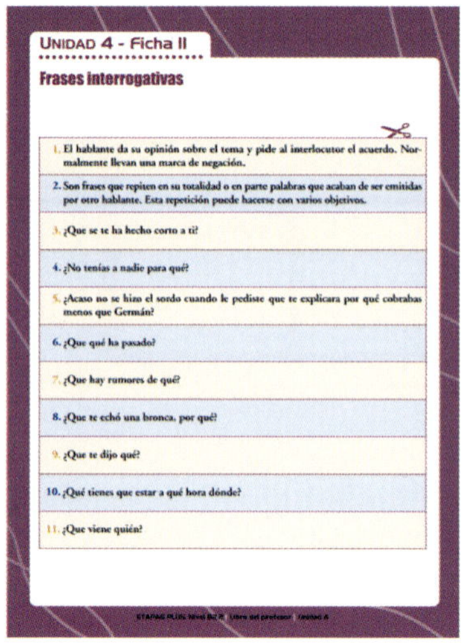

Unidad 4 - Ficha 11
Frases interrogativas

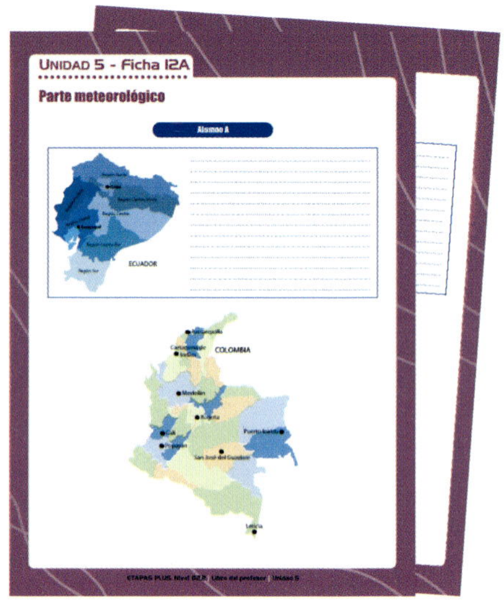

Unidad 5 - Ficha 12 A y B
Parte meteorológico

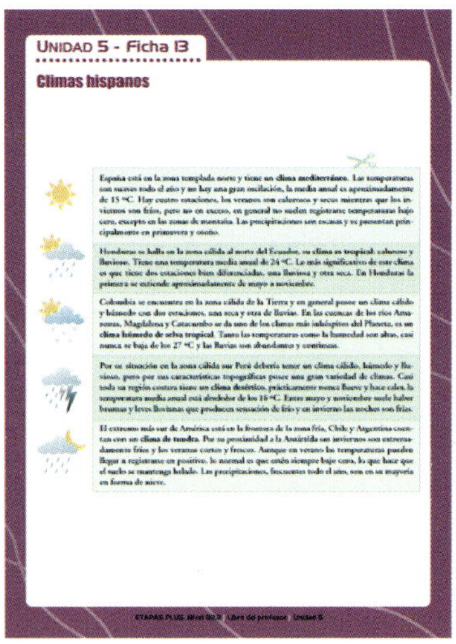

Unidad 5 - Ficha 13
Climas hispanos

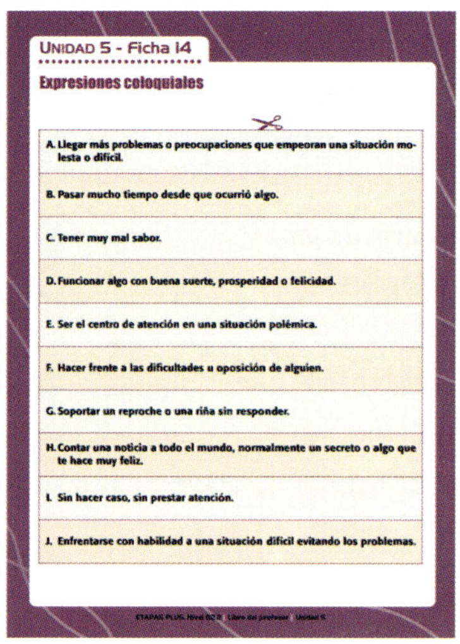

Unidad 5 - Ficha 14
Expresiones coloquiales

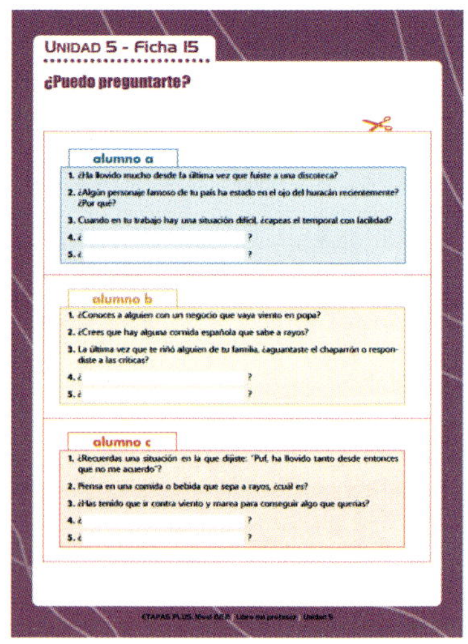

Unidad 5 - Ficha 15
¿Puedo preguntarte?

Unidad 5 - Ficha 16
Geografía hispana

Unidad 5 - Ficha 17
Dictado de carreras

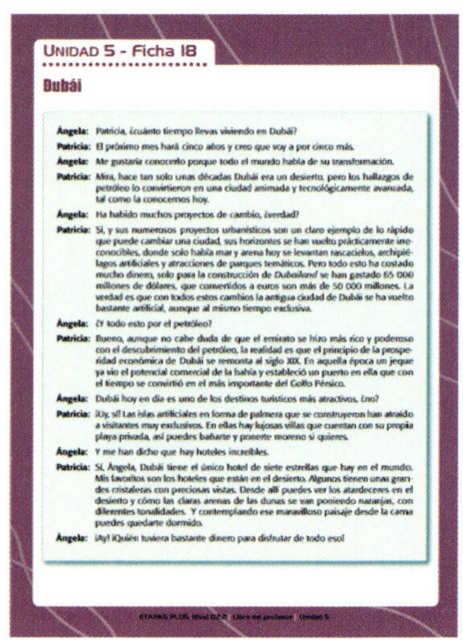

Unidad 5 - Ficha 18
Dubái

Unidad 5 - Ficha 19
Oyes-dices

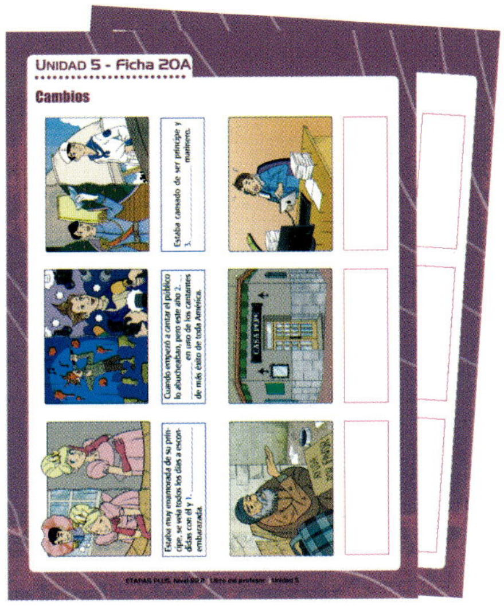

Unidad 5 - Ficha 20 A y B
Cambios

Unidad 6 - Ficha 21
Diploma a la persona más lectora de la clase

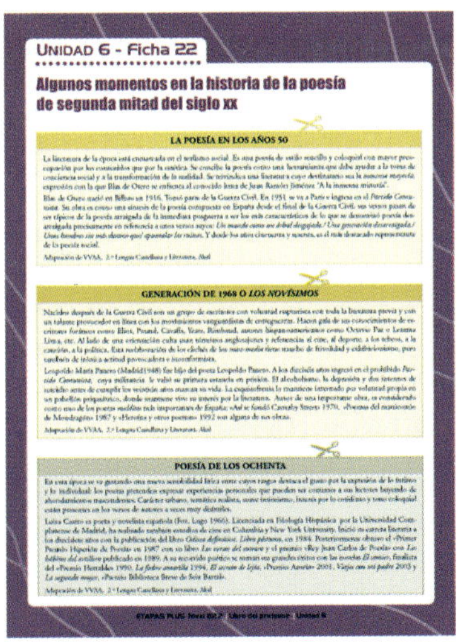

Unidad 6 - Ficha 22
Algunos momentos en la historia de la poesía de segunda mitad del siglo XX

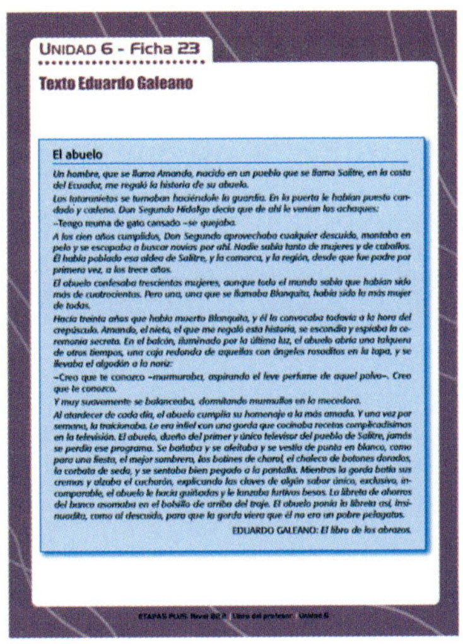

Unidad 6 - Ficha 23
Texto Eduardo Galeano

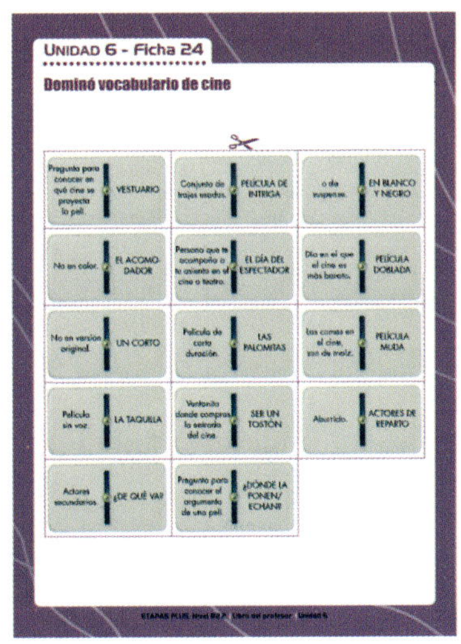

Unidad 6 - Ficha 24
Dominó vocabulario de cine

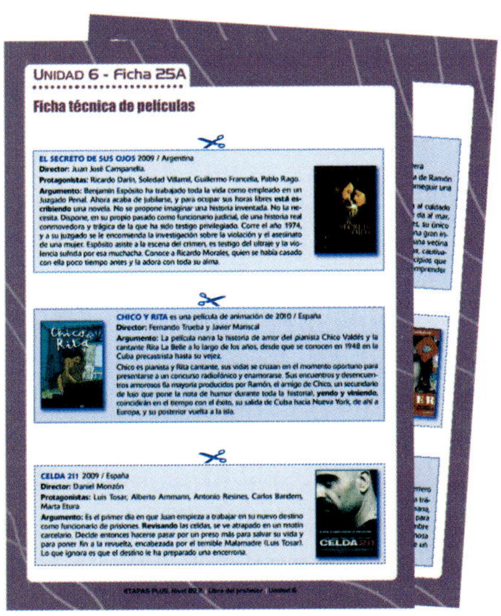

Unidad 6 - Ficha 25 A y B
Ficha técnica de películas

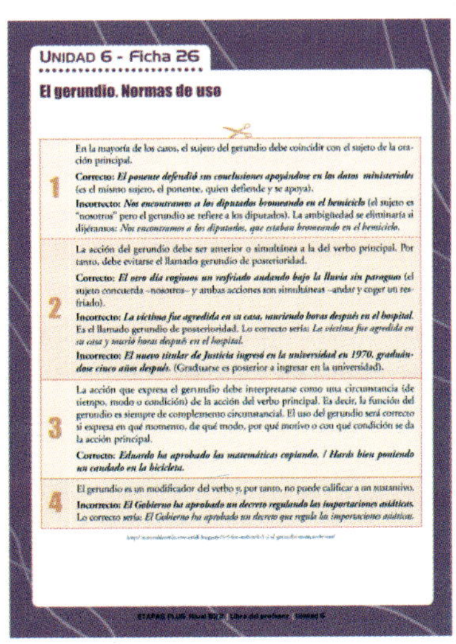

Unidad 6 - Ficha 26
El gerundio. Normas de uso

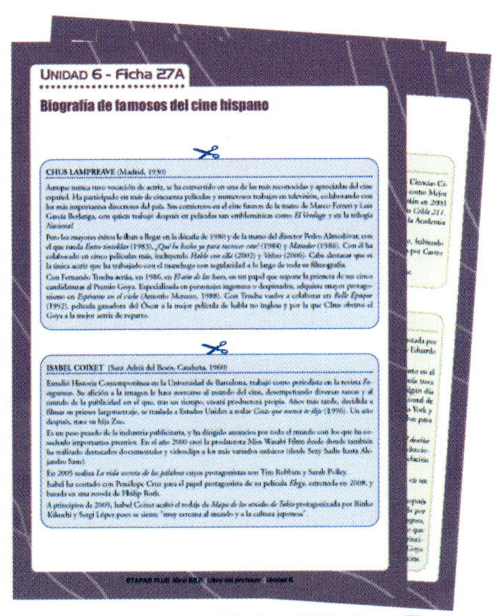

Unidad 6 - Ficha 27 A y B
Biografía de famosos del cine hispano

Unidad 7 - Ficha 28

Características del siglo XX

Unidad 7 - Ficha 29

Características del siglo XXI

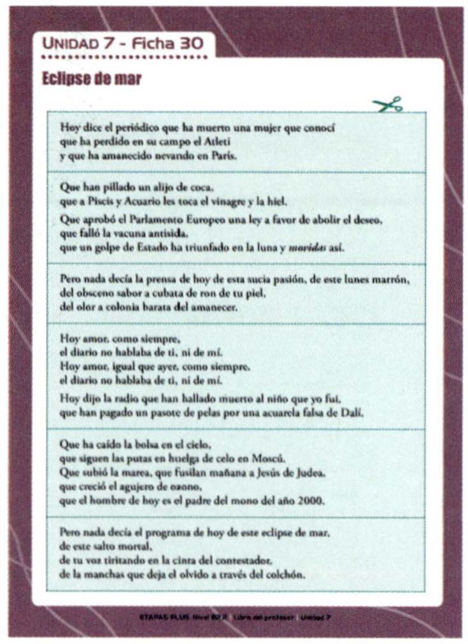

Unidad 7 - Ficha 30

Eclipse de mar

Unidad 7 - Ficha 31

Usos de *como*

Unidad 8 - Ficha 32

Léxico de relaciones amorosas y sociales

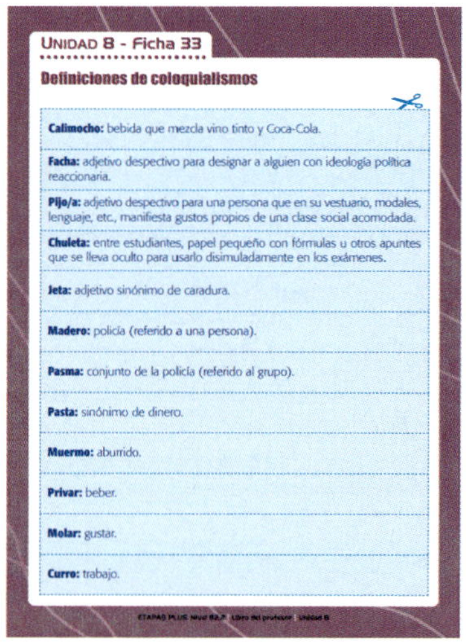

Unidad 8 - Ficha 33

Definiciones de coloquialismos

Unidad 8 - Ficha 34

Dominó de expresiones de ánimo y consuelo

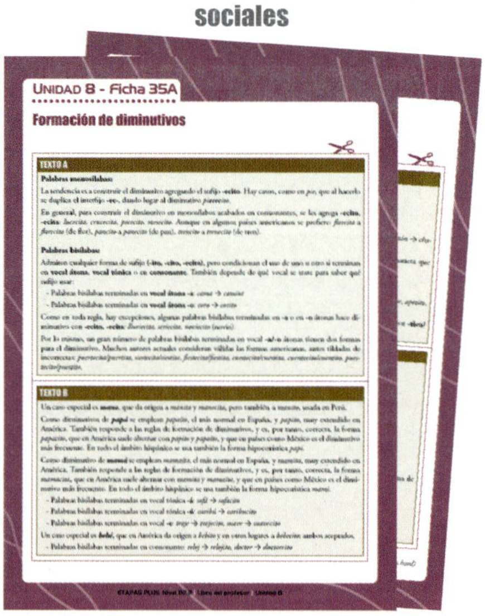

Unidad 8 - Ficha 35 A y B

Formación de diminutivos

Unidad 8 - Ficha 36

Después de currar, una guira

Unidad 9 - Ficha 37
Experiencias políticas

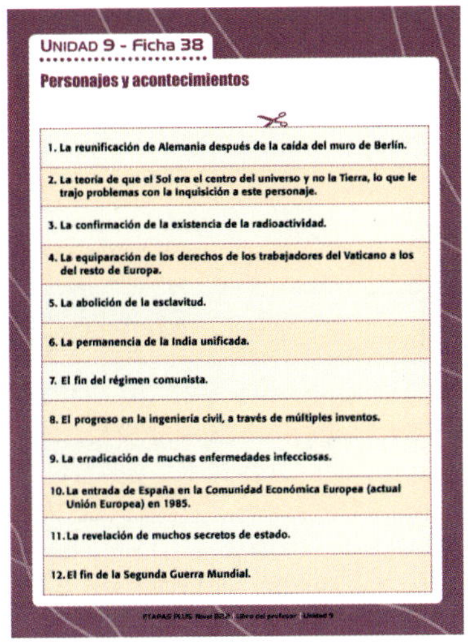

Unidad 9 - Ficha 38
Personajes y acontecimientos

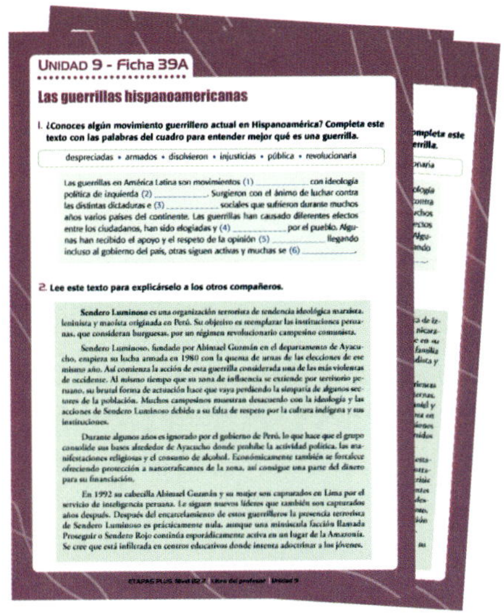

Unidad 9 - Ficha 39 A, B y C
Las guerrillas hispanoamericanas

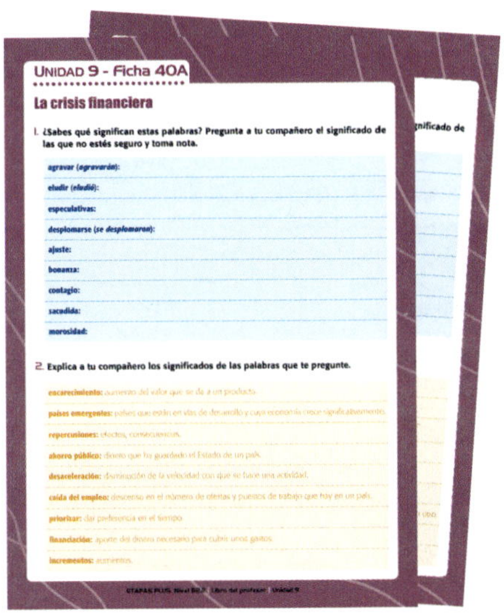

Unidad 9 - Ficha 40 A y B
La crisis financiera

Unidad 9 - Ficha 41
Presente

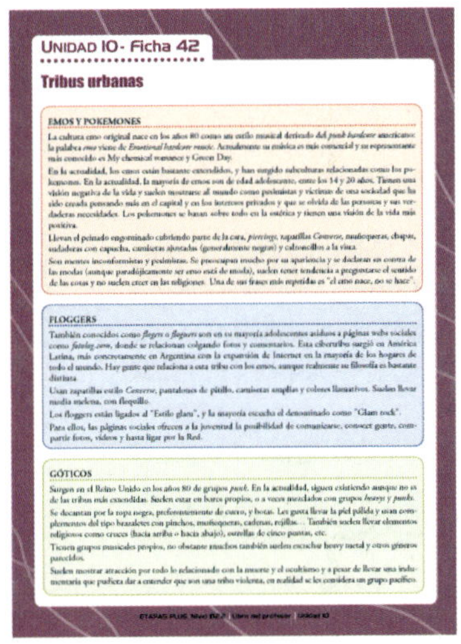

Unidad 10 - Ficha 42
Tribus urbanas

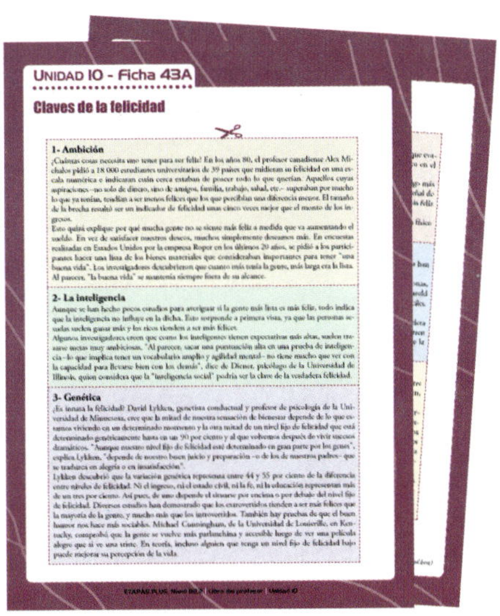

Unidad 10 - Ficha 43
Claves de la felicidad

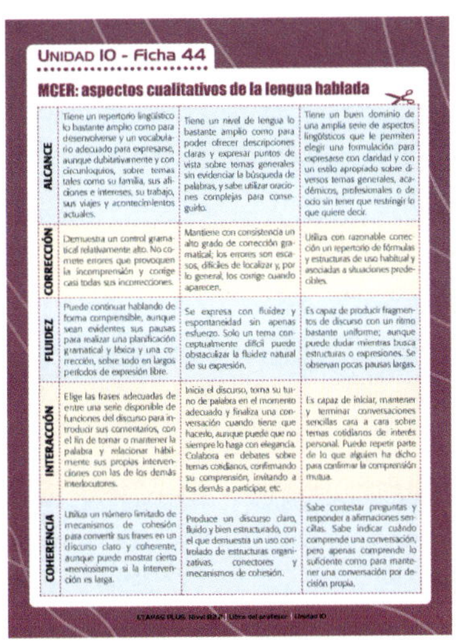

Unidad 10 - Ficha 44
MCER: aspectos cualitativos de la lengua hablada

Transparencias

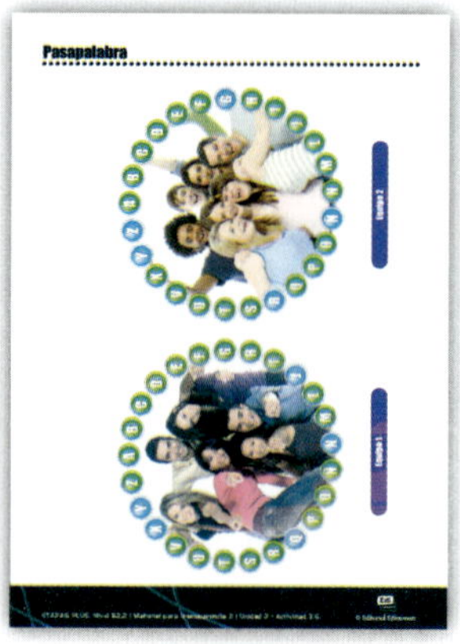

Transparencia 1
Pasapalabra

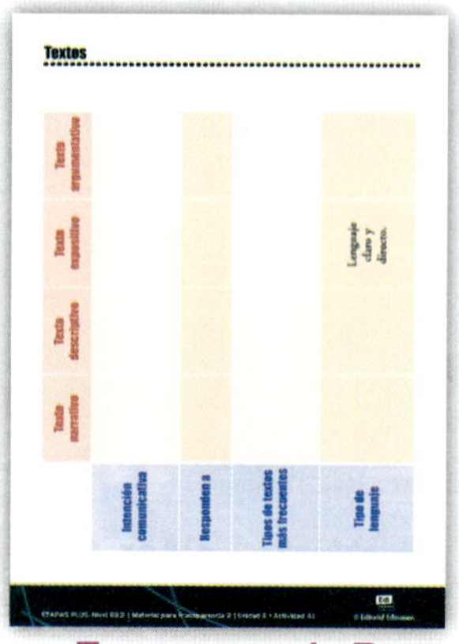

Transparencia 2
Textos

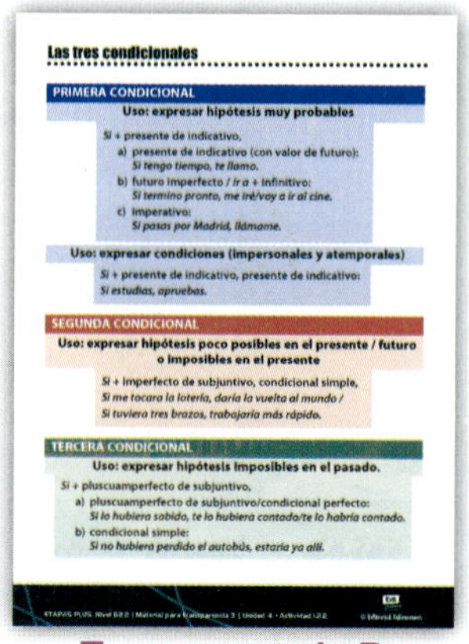

Transparencia 3
Las tres condicionales

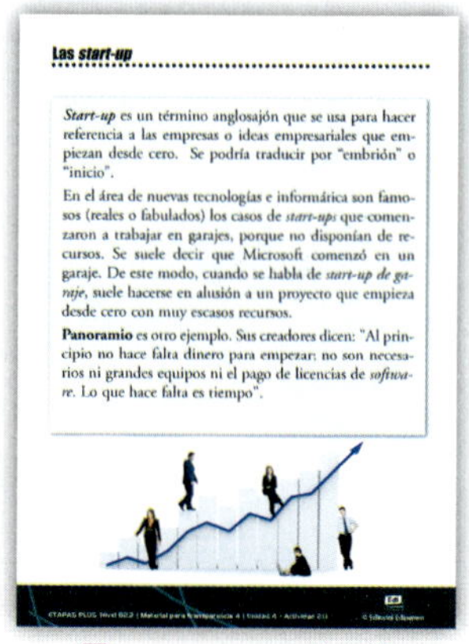

Transparencia 4
Las *start-up*

Transparencia 5
Geografía hispana

Transparencia 6
Mapa de Hispanoamérica

Transparencia 7
Ciudades con cambios

Transparencia 8
Personajes

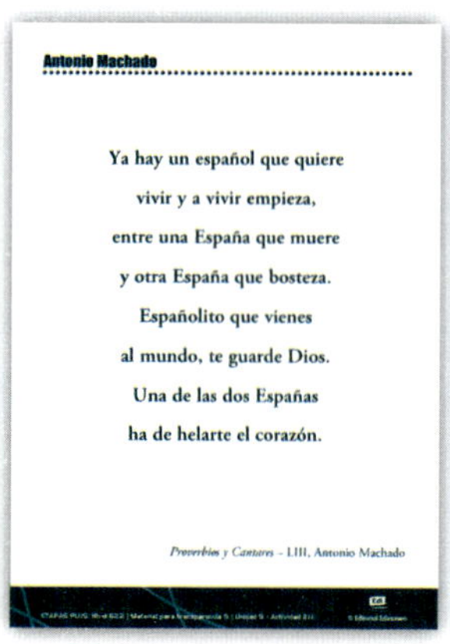

Transparencia 9
Antonio Machado

Transparencia 10
Presente

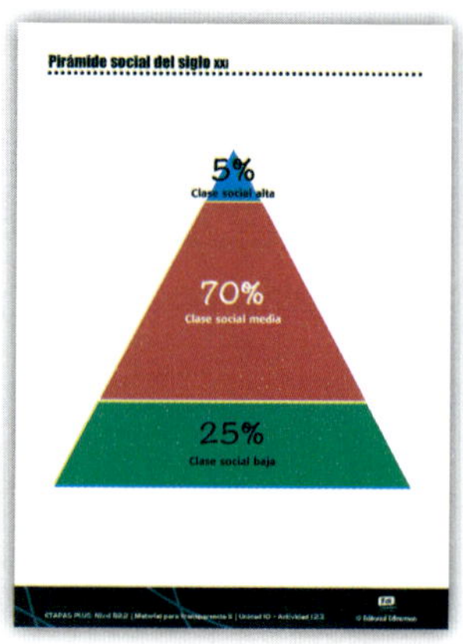

Transparencia 11
Pirámide social del siglo XX

Transparencia 12
MCER: aspectos cualitativos de la lengua hablada